FIDELITY
BRAVERY INTEGRITY

FBI联邦调查局
百年大事记

那些不被公开的秘密·那些被掩埋的丑闻·那些辉煌的曾经

FBI·百年大事件·首度集中公开

龚 虎◎著

广东旅游出版社
GUANGDONG TRAVEL & TOURISM PRESS
悦读书·悦旅行·悦享人生

图书在版编目（CIP）数据

FBI联邦调查局百年大事记 / 龚虎著 .— 广州：广东旅游出版社，2013.8
ISBN 978-7-80766-554-0

Ⅰ . ① F… Ⅱ . ① 龚… Ⅲ . ① 联邦调查局（美国）—大事记—
1908 ～ 2008 Ⅳ . ① D771.236

中国版本图书馆 CIP 数据核字 (2013) 第 162888 号

责任编辑：蔡子凤
封面设计：Shirley
责任校对：李端苑
责任技编：刘振华

广东旅游出版社出版发行

（广州市越秀区先烈中路 76 号中侨大厦 22 楼 D、E 单元　　邮编：510095）

邮购电话：020-87348243

广东旅游出版社图书网

www. tourpress. cn

印刷：北京毅峰迅捷印刷有限公司

地址：（通州区潞城镇南刘各庄村村委会南 800 米）

710 毫米 ×1000　16 开　16 印张　163 千字

2013 年 8 月第 1 版第 1 次印刷

定价：32.00 元

致 敬

向联邦调查局的英雄男女致敬，

在过去的一个世纪里，

他们为美国国家安全做出了无数的牺牲，

随时置身于危险的境地，

去保卫公民和国家。

FIDELITY·BRAVERY·INTEGRITY

以联邦调查局历史任期最长的局长胡佛命名的胡佛大厦前刻有联邦调查局信条的雕塑，联邦调查局这个响亮的名称被简化为联邦调查局座右铭：忠诚（FIDELITY）、勇敢（BRAVERY）、正直（INTEGRITY）。

2008 年 7 月 26 日，联邦调查局庆祝该局成立 100 周年，作为打击犯罪与维护国家安全机构，联邦调查局致力于在危险的领域保卫美国和国际社会安全。联邦调查局负有双重使命，其一是作为情报部门的一个单位防止国家安全遭受破坏，其二是作为司法部的一个单位参与执法行动。调查局的报告必须同时向司法部长和国家情报局长汇报。

正如你将看到的，从创建之初，联邦调查局从没有闲的时刻。联邦调查局历史上的每个时期都具有鲜明的特色，各阶段有着不同的挑战和争论，里程碑和主要案例。

例如，在下面的故事里你将读到有关某个炎热的夏夜，联邦探员包围了芝加哥电影院，顽固的银行抢劫犯约翰·迪林格生命中最后一次拔枪。也将看到狡猾的间谍如何将他们的情报藏在中空的镍币里和小孩玩具中。你将领略历史风云人物查尔斯·波拿巴，这位创建联邦调查局的卓越的司法部长。还有J·埃德加·胡佛，在位时间最长的联邦调查局局长，正是他的强悍作风使得联邦调查局成为了家喻户晓的响亮称号。你还能揭开"水门事件"与世界空运组织的内幕，杀手公司以及密西西比大火，20世纪初的黑手党大佬吕卡彭以及21世纪初期"基地组织"和本·拉登的故事。

瞄一眼联邦调查局的历史，你就将了解到这个联邦机构非同寻常的漫长道路。在不安的尝试中开始起步，从一个只有几十人的团体发展成为成员过3万的当今世界最强的情报调查机构，不断从成功与失败的磨炼中取得进步，经历了从打击黑帮到破获暴力犯罪团伙，从抓捕间谍到追踪连环杀手，从因特网诈骗到国际恐怖主义的威胁的各种各样的经验和教训。

进入21世纪以来，联邦调查局不断添置调查设备和情报器材、招募天才情报员，近十年来组建一支抢险救援队，发出一份"十大通缉要犯名单"，十年来建成一支计算机演练队，随后组建一支模拟恐怖分子飞行队，每一项技术的革新都构成联邦调查局大厦一块厚重的奠基石。

联邦调查局有追踪罪犯和监控目标方面的特工，有精通金融分类账册以及擅长于深度潜伏搜索线索的人才，有开展秘密行动并破译密码的专家，有检查他人细胞鉴别罪犯与无辜者、运用掌握的情报控制并消除恐怖威胁的专家。总而言之，联邦调查局形成了一整套世界上其他任何国家都无法匹敌的执法专家队伍。

多年来，联邦调查局的一条工作主线就是它强烈地提高所属人员全球执法和情报工作水平的愿望。它通过机构培训项目和特别课程掀起了提高执法人员素质的浪潮。在全世界范围共享知识和服务，这是联邦调查局实验室所要求的原则和解决犯罪问题的科学工具。现在它开展搜集国内犯罪司法服务，从犯罪记录到犯罪报告，从指纹到火器检查。最近，联邦调查局与其他国内外五花八门的机构开展了无数的联合行动和特混小组，这使得它增强了高效协作、与国内外其他组织机构共同努力制止恐怖行动、网络犯罪，其他全球威胁的能力。以至于很难分出所有这些机构甚至国家中谁的贡献更大。回顾一下联邦调查局历史，我们可以了解到它作为国家情报调查机构的行动非常成功，尽管不能说是尽善尽美，但绝对是全球所有情报调查机构中的翘楚。

投身于联邦调查局的英雄男女们，他们个人为国家和公众安全所作出的牺牲巨大，值得用一个世纪去纪念。人们应该从中学会面向未来，迎接未来的挑战。

目录

Chapter 1 ////

国家召唤 1908—1923 年

1. 地动山摇：纽约"布莱克汤姆"货栈大爆炸 / 009

2. 爱国者游戏：德国情报一览无遗 / 012

3. 帕莫大搜捕 / 013

4. 华尔街的恐怖袭击行动 / 016

5. 都是金钱惹的祸：奥色治山区的谋杀和故意伤害案 / 017

6. 阴沟里翻船：三 K 党皇帝包二奶被判入监 / 020

7. 招募哥萨克语言天才成为联邦特工 / 026

8. 逃兵引出调查局的第一张通缉令 / 028

9. 联邦女特工先驱者 / 030

Chapter 2 ////

联邦调查局与美国黑帮 1924—1938 年

1. 联邦调查局缔造者：埃德加·胡佛粉墨登场 / 034

2. 干掉"刀疤"：用法律手段起诉搞倒黑帮大亨吕卡彭 / 040

3. 堪萨斯城大屠杀：联邦特工终于配枪 / 045

4. 雌雄大盗：波尼和克莱德 / 049

5. 真人版警匪大片：约翰·迪林格的末日 / 053

6. 欢迎来到指纹世界 / 058

7. 联邦调查局实验室诞生 / 060

8. "机关枪"凯利和联邦干探的传奇 / 062

Chapter 3 ////

世界大战冷战时期：国家安全的中流砥柱　1939—1953 年

1. 破获纳粹德国的杜奎松间谍链 / 073

2. 代号 ND-98：长岛的双面间谍与盟军 D 日计划 / 076

3. 被记者忽悠的"东京玫瑰"：伊娃·户粟·阿基诺 / 078

4. 史上最完美犯罪：布林克斯抢劫案 / 085

5. 轰动世界：苏联原子弹间谍 / 088

6. 小小硬币爆出冷战王牌大间谍 / 090

7. 中南美特别情报处 / 094

8. 叛国的玩偶案 / 096

9. 神秘的俄语信件 / 098

10. 追星梦：黑色大丽花惨遭碎尸 / 099

Chapter 4 ////

为所有的人寻求公正　1954—1971 年

1. 神秘的客机爆炸案：不择手段骗保的混蛋 / 114

2. 古怪的犯罪双雄：狼狈为奸 / 116

3. 浸信会教堂爆炸案：三Ｋ党幽灵作祟 / 118

4. 密西西比纵火杀人案：三Ｋ党引火终烧身 / 120

5. 大惊世刺杀：疑云至今犹存 / 122

6. 在约瑟夫的烧烤聚会上对付黑手党 / 128

Chapter 5

腐败与犯罪猖獗的年代　1972—1988 年

1. 帕蒂·赫尔斯特绑架案 / 143

2. 地下风暴组织：理想主义激发暴力行为 / 145

3. 邪教遗祸：琼斯镇惨案——人民圣殿教的集体自杀案 / 147

4. 反贪腐卧底行动"阿布达尔计谋"的经验教训 / 149

5. 反黑卧底之特工无间道 / 151

6.1985：间谍之年 / 153

7. 款迪克的联邦调查学院 / 156

8. 国内情报工作的新时代 / 159

9. 罪犯侧写：深入探究犯罪心理 / 160

Chapter 6

麻烦不断的世界　1988—2001 年

1. 邮件炸弹杀人狂 / 171

2. 天真儿童照片行动 / 173

3.9·11 预演：1993 年世贸中心恐怖袭击爆炸案 / 177

4. 国内恐怖分子：俄克拉荷马市爆炸 / 180

5. 无目的犯罪：遁世的炸弹狂人的不归路 / 182

6. 重拳出击，消灭街头匪帮 / 185

7. "基地"组织袭击驻东非大使馆 / 187

8. 美国驱逐舰科尔号亚丁港遭袭案调查 / 188

9. 危机处理的重大教训：维科城和鲁比山脉事件 / 190

10. 那些差一点就发生的恐怖袭击 / 191

11. 只有永恒的国家利益：对付盟友内部的敌人 / 193

12. 相映生辉：联邦调查局与好莱坞电影 / 194

13. 取新名搬新家，信息服务大升级 / 197

14. 联邦特工重要的一课：道德教育 / 198

Chapter 7 ///————————————————————

国家安全新时代 2001—2008 年

1. 过目不忘：记忆力超强的古巴间谍 / 212

2. 公司高管犯罪：安然公司欺诈案 / 215

3. 环形公路狙击手 / 217

4. 田纳西华尔兹：反贪腐舞会结束了 / 219

5. 9·11 后恐怖袭击概览 / 221

6. 将来的合作伙伴 / 228

7. 卡特里娜飓风过后：治安和救援 / 230

8. 联邦调查局历任局长 1908-2008 / 235

9. 联邦特工头衔的起源 / 239

国家召唤

1908—1923 年

1908 年，正是需要建立新型机构来保护美国的时候。

此时，美国从东海岸到西海岸已经连成一体，只有两个封闭的内陆州等着正式加入联邦。新发明的电话、电报和铁路缩短了美国从东部扩张到西部的时间。这个科迪勒拉山脉隆起的国家逐渐成为世界首屈一指的强国，而为世人所津津乐道的是那场"西班牙斗牛士"与"西部牛仔"的较量——美国海军击败西班牙，并获得了南美洲、亚洲的大片曾属于老牌殖民国家西班牙的地盘，这场大狗吃老狗的战场无疑成为美利坚的转折点，充足的海外市场，先进的技术让美国经济进入了快车道，美国变得越来越富有。

但是，地平线上仍然阴云密布。一派歌舞升平的背后酝酿着危机。

层出不穷的事端，让美国政府的官员们焦头烂额。

从 1908 年开始，美国城市不断扩张，当年共有 100 个人口超过 50000 的城市——各种犯罪随着城市扩张而递增。在这些大城市里超级拥挤的公寓房充斥着贫穷与觉醒的民众，不断增加的移民导致各种种族矛盾随时爆发。罢工工人和工厂老板之间发生的冲突变得越来越暴力。

快速增长的美国城镇成为孕育未来职业违法分子迅速成长的土地。此时，在布鲁克林区，9岁的吕卡彭即将在他长大之后开始他的黑社会犯罪生涯。在印第安纳波利斯，5岁的约翰·迪林格在家族农庄长大。在芝加哥，受基督洗礼的莱斯特·约瑟夫·吉利斯，后来成为了邪恶杀手的"娃娃脸"内尔森，将在一年之后出生到这个世界。这些在当时默默无闻的襁褓贝贝，即将成长为美国的噩梦。

而新的交通技术革命也为犯罪提供了便利。1908年，亨利·福特汽车城的装配线上开始生产T型号汽车，成为大众消费得起的并且也是暴徒和劫匪喜爱的商品。暴徒们开始购买或者偷窃汽车以逃避执法部门的打击，并开始全国各地逃窜的犯罪之旅。谁都不会想到这个被美国民众戏称为"安着轱辘的铁盒子"将在22年后成为著名罪犯的坐骑。1930年，在德克萨斯州的一条尘土飞扬的路上，波尼和克莱德——"逃亡汽车上的罗密欧与朱丽叶"，如一位记者报道中写道的那样，在一辆布满了子弹的福特车上结束了罪恶的人生。

暴力犯罪仅仅是各种犯罪当中的冰山一角。贪污腐败遍及全国——特别是在地区政治中，像坦穆尼会议之类的政治诈骗机器全面开花。大商业公司都制造劣质品，以次充好，甚至用犯罪手段来达到控制肉类包装工厂（正如新闻爆料者尤普顿·辛克莱曾经艺术地揭露的事实），以非法垄断来威胁进而控制整个行业的丑恶一面，民众怨声载道。

此时，爆发了第一次世界大战，迫使美国保卫本土以防止国内的颠覆分子和国际间谍活动，防止敌国破坏分子破坏美国国家安全，防止巨炮和大舰被毁掉。

无论如何，1908 年在美国广袤的国土上几乎没有任何联邦机构能够系统而可靠的执法。联邦政府在各地有一些警力，一些州也有各自州的警察力量，但在那时警察们几乎没有任何训练，只有一纸政府任命书，报酬极低。全国而言，没有联邦犯罪法以及类似法律，只有孱弱的联邦机构如联邦经济情报局负责打击犯罪和安全事务。它其中非常重要的一项事务就是对付无政府主义者经常实施的暴力袭击，无政府主义者号召推翻联邦政府并且将权力交给普通人。更进一步，无政府主义者他们希望完完全全地废除掉政府，因为政府代表着压迫和压抑，应该在不断地对统治阶级（警察、牧师、政治家）的斗争中推翻它，这种理念被广泛传播到世界各地。当时，很多人都笃信这些信息，到 19 世纪末期，全世界有好几位领导人遭到暗杀。

无政府主义者，在某种程度上，是今天恐怖分子的鼻祖。团结在一起的小的孤立的社团，被理想主义所激励，致力于推翻他们所憎恨的政府。但可笑的是，正是他们的行动促成联邦政府决心成立联邦调查局。

关于成立联邦调查局，不能不提到一名 28 岁叫雷昂·左尔格斯的俄亥俄州青年，当他失业后读到了艾玛·高德曼和亚历山大·博克曼写的关于无政府主义的书，随后就坐上了一辆前往布法罗的列车，买了支手枪，并将一颗子弹射进麦金利总统的肚子。8天之后，也就是1901年9月14日，麦金利去世，副总统西奥多·罗斯福领导椭圆形办公室。把该事件称为"佐尔格斯的愚蠢行为"，因为新总统罗斯福是坚定倡导"渐进运动"的。很多进步人士包括罗斯福认为在工业社会建立公正的联邦政府导向是非常有必要的。罗斯福绝不容忍腐败，并且也从不相信他所称为"富有的犯罪分子"的那帮人，在华盛顿特区担任国家行政事务委员的六年期间强力推行改革（在那里，他说到"我们把事情先搞起来"），随后两年时间担任纽约警察局的局长。他相信法律，并且认为法律将会更进一步完善，正是在他的强力改革推动之下，联邦调查局开始运转。

从1906年开始，当时罗斯福任命和自己有类似思想的改革者查尔斯·波拿巴作为他的司法部副部长——一个相貌可憎的家伙，这个被议员们描述得比林肯还难看的老家伙有着滑稽却显赫的出身。查尔斯·波拿巴是声名狼藉的法国皇帝（拿破仑三世）的侄孙，当然比起他的叔祖父他更容易被人接受，毕竟他没有将八万法军送进普鲁士的地牢，大概这种看法也只有马赛的法国人认同。幸运的是，查尔斯这一位非常著名的平民改革家，1892年在巴尔的摩改革会议上演讲时遇到罗斯福。西奥多·罗斯福在国家行政事务委员会强烈坚持边境警察申请人必须要以极高的射击准确性通过射击测试才能获得工作。波拿巴强烈拥护罗斯福的这项工作。面对保守派议员们的挑衅，波拿巴几乎歇斯底里地反击那些反对他的人们，唾沫横飞地反驳道："瞄准目标射击不是选择边境警察最佳人选的方法，罗斯福委员应该让申请人互相对射，让幸存者获得这项工作。"除却已经目瞪口呆，议员们丰富的近似于唐老鸭的夸张表情，为他换来了罗斯福对他这位矮壮、从巴尔的摩来的丑家伙的信任。后来，罗斯福任总统期间任命波拿巴为司法部长。

在成为司法部长之后，波拿巴认识到他的时间都被用来处理大量的犯罪和腐败案子。他需要的是一支精干的队伍，但他这个堂堂司法部长手下却只有一两个特工和少得可怜的调查员听候他的差遣。而这支队伍主要负责对检查联邦法院金融交易和其他民事权力调查，对于其他案件调查则显得捉襟见肘。他为了调查案件，不得不屈尊去向联邦经济情报局借调特工人

司法部长查尔斯·波拿巴

员。联邦经济情报局这些人员都受过良好的训练，具有献身精神，同时代价也很高。他们竟然不向司法部长报告，而是直接向联邦经济情报局报告。这使得波拿巴非常沮丧，对于自己的调查根本无权掌控，他这个司法部长几乎成了光杆司令。

波拿巴向国会反映这些问题，国会却质疑他凭什么租用联邦经济调查局的探员。在一次与国会微妙的政治摊牌中，立法委员控告罗斯福攫取执行权力，1908 年 5 月，国会禁止联邦经济调查局将

探员借调给任何一个联邦部门。现在波拿巴没得选择，讽刺的是，这个禁令正中下怀。司法部长波拿巴以此为借口建立自己的调查员队伍。此后几周他就开始着手干这件事情，很显然，他得到了罗斯福全力支持。6月底，波拿巴部长悄悄地挖走他从联邦经济调查局借调的9名探员以及另外招收的25名探员，组成了一个特别机构——最初的调查局。1908年7月26日，波拿巴命令司法部法官将最需要调查的案子反映给他的首席调查员斯坦利·芬奇，由芬奇来调动34名联邦探员。这个新的机构有自身的任务——执行司法部的调查，因此这一天也被认定为联邦调查局的正式成立日。

因为在暑假后国会没有提起对于这个无名机构的反对意见，波拿巴在从司法部长位置上退下来（1909年3月上旬）前的7个月就指导该机构的工作。数天之后，1909年3月16日，波拿巴的继任者，司法部长乔治·维克夏姆，将这个机构第一次命名为调查局，此后就定下来了。

第一任调查局局长斯坦利·芬奇

在最初15年里，该局是未来自身的一个缩影，有时还不能够抵御赞助政治中雇佣、提升、换岗等方面的腐败侵蚀。前15年里，调查局里尽是一些关系户和闲人。新探员接受的训练质量差得让人咋舌，纪律松散，至于能力则大可忽略不计，这不是空穴来风，而是有着真实却令人捧腹的例子——费城的一个探员有许多年被容许分出时间来干自己的工作和照顾自己的酸果蔓园子。后来，一个严厉的上司，埃德加·胡佛让他在两者中选择一项。要么好好干工作，要么回家与老婆孩子热炕头，想混日子门都没有。

从总体上讲，在胡佛大刀阔斧的改革之下，联邦调查局未来的基础被打好了。一些优秀的调查员和管理者被录用（如俄国出生的埃米利奥·阔斯特里茨基），培养了一支稳定的天才队伍。当年轻的调查局开展各类型调查——不仅仅是增强法纪，还涉足国家安全和情报界。

最初，探员们调查的多是白领和民事权力案件，包括反托拉斯、土地欺诈、

在位时间最长的局长埃德加·胡佛（1924—1972）

银行诈骗、不服从归化和版权、非法雇工（劳动力）。调查局也分管了一些国家安全事务，包括通敌叛国罪和反政府行为调查。出色的表现让调查局大出风头。当国会开始重视这个新的调查机构时，调查局所担负的任务清单也在加长。如在 1910 年，调查局调查导致了新通过的曼恩法案或者"禁止跨州界贩卖白人妇女法案"这一早期尝试禁止跨州贩卖妓女或者人口的法案。1915 年，国会将调查局人员编制增加了 10 倍，从 34 人增加到约 360 名特工以及辅助人员。

不久之后，国际事务开始成为主要任务，由此开始调查局介入国家安全事务。在墨西哥边境，调查局开设一系列办公室用以调查走私和普通暴力。欧洲于 1914 年开始爆发了第一次世界大战。美国隔岸观火，着实当起了观众，期望避免卷入到联盟之间，但美国人不会坐失大发战争横财的机会，于是开足马力生产各种战争物资并卖给了协约国一方，美国人天真地认为 4000 英里的海洋足以保护美国本土安全。德国人对此很是恼火，他们决定教训这个在战争剧中跑龙套的投机商，于是德国的战争贩子开始导演对美国的袭击，潜艇开始公开袭击美国船只，德国的破坏者开始在美国船上和美国本土的弹药工厂安装炸弹，美国被逼无奈之下卷入了冲突。

国会于 1917 年 4 月 6 日对德宣战，但当时法律几乎还没提到调查局负有保护美国免受颠覆与破坏的任务。随着战场局势变化，国会很快就通过了《反间谍法案》，紧接着颁布了《反破坏法案》。并在随后几年内赋予主要的国家调查机构——调查局以反间谍任务。调查局开始管理逃兵和控制数百万的"外国敌人"、居住在美国的非美国籍德国人，还有其他一些与战争相关的犯罪。

第一次世界大战 1918 年 11 月结束，但是这并不代表着美国国内的全球范围内激起的骚动已经停息。1917 年俄国的布尔什维克党夺取了政权，美国人开始神秘兮兮地谈论起世界革命。特别当联邦政府面对着国内广泛的劳工和经济动荡束手无策的时候，一种偏激的不讲道义的风气传遍了全国。激进分子成立如"工人联合会"的组织，这是个不时使用暴力的被称为世界产业工人联合会的工会组织。当反政府主义者在 1919 年至 1920 年间发起一系列炸弹袭击时，社会爆发了"红色恐慌"。

司法部长米切尔·帕莫开展了大规模调查，由年轻的司法部律师埃德加·胡佛领导，同时也宣告这个联邦调查局的传奇人物正式登场，然而他的出场并没有给调查局带来好运。虽然他的工作卓有成效地搜集了大量关于极端分子以及其行动的详细信息和情报，但随后开展的"帕莫大搜捕"计划和执行却是一团糟，因为大搜查侵犯了数千名人的自由权利而遭受到强烈指责。这次事件给了年轻的调查局一个教训，和另外一个令人哭笑不得的结果，过度的执法行为反而使得人们对于激进分子态度变得温和宽容。

这个新的时代，从旧世界来到自由世界的无法无天的家伙非常多。美国刚刚开始兴起，需要新的联邦调查机构来打击各种犯罪分子的嚣张气焰。而之后，调查局首先要建立起自己的独立机构。

1. 地动山摇：纽约"布莱克汤姆"货栈大爆炸

1916 年 7 月 30 日，曼哈顿的星期天清晨，天还黑着，天空被刺眼闪光照亮。随后传来了震耳欲聋的巨响，爆炸声过后，堆放在"布莱克汤姆"铁路货栈的列车上的 200 万吨战争物资化为乌有。（现在这个货栈是纽约市自由国家公园的一部分）。隆隆的爆炸声将下曼哈顿以及泽西市的无数窗户震碎。爆炸的冲击波传到了180公里以外的费城、马里兰州、康涅狄格州等地。第五大街很多高层建筑的玻璃大块大块地从空中落到行人道上；曼哈顿和泽西城的电话通信全部瘫痪；在哈德逊河底连接曼哈顿、荷伯根以及泽西城的地铁里发生强烈震动；自由女神像被震掉100多颗铆钉，女神像的铜外壳被弹片打得伤痕累累。人员伤亡倒不算太大，这次破坏活动炸死3个男子和一名儿童。

这块地当时叫做"布莱克汤姆岛"，虽然岛上的居民只有500人。但很多年前，这座岛的一侧就搞了人工填海工程，以便让码头与岸上的交通更方便。当年，这里的货仓沿着铁道建了足足两公里长，一直延伸到哈德逊河边，自由女神像的对面。当时可谓规模宏大，而这一切现在只能在老照片中体现了。

1916年7月的纽约港一片繁忙，大大小小的驳船、拖轮，往来穿梭于码头和远洋货船之间，转运各种商品和粮食。当时美国东北部兵工厂生产的弹药也在这里装船，然后运往第一次世界大战中的协约国。尽管转运的军用物资如此重要，但负责保安的只有十几个看门人和几个私家侦探。

1916年7月30日是星期日，从星期六下午5点钟开始，11车皮的高爆炸药、17车皮的炮弹、3个车皮的硝基纤维、1车皮TNT炸药、两车皮的炮弹引信都停在这个货场上，所装载的炸药有100多万吨。与此同时，在铁路一侧的码头上，10艘装满炸药的驳船沿岸一字排开，装载的炸药不下50万吨，更要命的是这些驳船全部被首尾相连锁住。

第一次世界大战中一群决意要阻止将美国弹药装船运送到英国的德国特工，从不理睬美国在这场冲突中正式保持中立的立场。

如何应对这件事情让美国政府陷入了困境，同时美国人惊恐地发现，当时的联邦政府极少有国家安全法律和现实有效的情报机构来对付德国特工，美国异常脆弱。根据总统命令，联邦经济调查局开始调查德国袭击以及阴谋。联邦调查局同样可以执行相关任务，但是编制规模小（几个办公室下辖 260 名探员）以及缺乏权限直接限制了其作用。最成功的反破坏调查员被证明是纽约警察局拆弹分队的侦探，但还是没有侦破德国特工炸布莱克汤姆货栈案。

布莱克汤姆货栈爆炸不是德国政府唯一的一次对美国的挑衅。当时德国甚至怂恿墨西哥与德皇结盟反对美国……德国开始在大西洋上对任何敌国船只和中立国船只实施无限制潜水战……美国宣战了。

1917 年国会迅速通过了"反间谍法案"，剥夺与德国间谍机构相关犯罪人员的公民权力；通过了一系列战争相关法案；1918 年通过了"反破坏法案"。调查局开始在这些法律依据基础上获得了司法调查权限，开展了广泛的确保国家安全的调查。他们有多成功呢？非常成功。德国意图在美国本土搞鬼破坏的阴谋泡汤了。

后记：破坏分子被查出了吗？当然。调查局与其他机构忠于职责进行调查直到找出了破坏分子，并且要求德国赔偿了对于美国袭击的赔款。1922 年美国政府和德国政府成立了一个专门的委员会来解决赔偿问题，除了有关这次爆炸的赔偿，还有关于新泽西一家炮弹制造厂遭到破坏的索赔，但德国方面推卸了责任。

1933 年美国方面又获得了新证据，经过谈判，1939 年该委员会最后确认德国的破坏行为，并要求赔偿。但随着二战爆发，赔偿停顿下来。1953 年德国政府才开始第一笔赔偿，1979 年最后一笔赔偿结束。

2. 爱国者游戏：德国情报一览无遗

1917 年，第一次世界大战在继续，调查局需要调查德国特工行动的情报。

当时德国大使馆文件被秘密藏在瑞士驻纽约领事馆以逃避美国或者英国情报机构调查，调查局嗅到线索之后紧追不放。纽约分局的局长查尔斯·德·伍迪为此派出了 5 名特工专门负责此事。

五人小组展开工作，他们很快搞清楚文件被锁在瑞士领事馆 10 楼的储藏室，于是租借了隔壁的一间办公室。4 月的一个下午，等到领事馆雇员离开后他们开始挖掘一个进入到储藏室的通道，5 名特工出手不凡，打洞的水平丝毫不亚于土拨鼠。很快他们悄无声息地到达目的地，在那儿他们发现了他们望眼欲穿的成果：一系列用红、白、黑带子和绳子以及蜡封的箱子和盒子，一场爱国者的游戏开始了，勇敢者俱乐部——联邦调查局此时已掌握了游戏规则。

调查局为特工们制定了周密的行动计划，而后，每隔几个晚上特工们就偷偷进入储藏室拿走他们想要的文件，并且小心不留痕迹地用带子和蜡重新封印上。到 7 月上旬，他们拿走了数千页德国文件。结束行动时，他们雇佣一个搬运工用纸板箱将文件送到纽约州警局办公室，并且在不具姓名地将文件留在门口。调查局德语翻译迅速将文件译成英文，而 5 名完成任务的探员立即投入到新的工作中去。

这份情报价值非常巨大。德·伍迪报告说：文件揭示了敌国"利用中立国船只安全地将战争物资运回本国"的方法，并且使美国政府从一开战就掌握了德国情报机构行动代码以及情报系统的活动情况，还掌握了德国情报头子冯·林特林及其间谍网络的一举一动。

3. 帕莫大搜捕

炸弹炸到家了，既是事实也是隐喻。

1919 年 6 月 2 日，军事反政府主义者卡罗·瓦尔迪诺奇在新上任的司法部长位于华盛顿特区的家门前引爆炸弹，炸弹提前爆炸，卡罗自己也被炸飞。年幼的富兰克林·罗斯福和埃莉诺·罗斯福，就住在街对面，被这次爆炸吓坏了。

这次爆炸只是反政府组织当时针对于法官、政治家、司法官员以及其他政界人士在全国八个城市发动的一系列袭击中的一起。一个月前，极端分子邮寄炸弹给西雅图市市长和一名美国国会议员，炸断家政工人的双手。次日，纽约市的邮政部门阻截了 16 个寄给政治和商业领袖的邮包，其中就有寄给约翰·洛克菲勒的。

这是一个令美国人焦躁的时代。1918 年致命的全球流行性感冒要了 2000 多万人的命，俄国十月革命的浪潮鼓舞了全世界无产阶级的斗争，全美国范围内的工人暴力活动和罢工此起彼伏让民众焦躁不安。

联邦政府必须对这些爆炸案做出反应。1920 年，司法部长将眼光投向白宫并提出了自己的主张。他组建了并些小的分支去收集有关极端分子威胁的情报，并且启用年轻的司法部律师埃德加·胡佛主管此事。胡佛收集整理所有由调查局

司法部长米切尔·帕莫

和其他机构搞到的情报碎片，从中识别可能参与了暴力活动的反政府分子。同时，新组建的调查局，继续查找爆炸案的原因。

1919 年秋天，司法部开始逮捕行动，胡佛的部门依据法律禁止国外反政府主义者、可疑激进分子和外国人移民美国。其中包

括著名活动家艾玛·高曼和亚历山大·博克曼。1919 年圣诞节的前 4 天，凌晨 2 时，埃德加和调查局局长弗林乘快艇赶到纽约港的埃利斯岛。他们目送戈德曼、她的情人亚历山大·伯克曼和其他 247 名被流放者登上军舰，把他们送往俄国。次日，埃德加得意洋洋地向报界描述了他的这次经历。带着一点吹嘘论调，美国媒体报道说有一批无产阶级激进分子被送上了所谓的"红色方舟"或者"苏维埃方舟"，驱逐到俄国去了。胡佛以打击迫害共产党员起家，在他的强力打压之下，美国共产党从 8 万人迅速下降到 1920 年的 6000 人。

此时，政治家、不明内情的人，以及民众过度反应刺激了司法部长帕莫以及司法部。胡佛在司法部长帕莫的鼓励下，取得了劳工部的支持，制定了将激进分子一网打尽的大计划。

到 1920 年，大搜捕行动计划准备就绪。司法部组织在全国主要大城市开展大搜捕，召唤本地警察参与逮捕了数以千计的嫌疑反政府分子。但是由于这个大搜捕计划本身漏洞百出，最终"帕莫大搜捕"被证明是一个噩梦，因为通信不畅，计划不周，连谁应该是逮捕目标和需要开具多少逮捕证都没有搞清楚。在当时，整个搜捕行动的合法性被质疑，帕莫和胡佛因计划粗陋和对于国内安全的过度行动遭到各方面的谴责。

"帕莫大搜捕"成为了刚成立不久的调查局的一个耻辱。但正是这次行动使调查局获得了对恐怖分子调查和情报工作的经验，并且学到了重要的教训——必须要保护公民自由和尊重宪法权力。

4. 华尔街的恐怖袭击行动

1920 年 9 月中旬的某天，刚到午饭下班高峰时间，一个相貌平平的男人驾着一辆由老马拖着的马车。他在美国试金化验室门前停住牲口和马车，停在华尔街中心 J. P. 摩根大厦正对面。驾车者迅速下车并消失在了人群当中。

几分钟后，马车炸成了"金属风暴"——瞬间炸死了 30 多人，炸伤 300 多人。现场血流遍地，到处是人体残肢，状况十分恐怖，死亡记录随着时间推移增加。

谁该为此负责？调查一开始，调查员并不清楚这是一起国际恐怖主义行动。经济高度发达的华尔街容不下这个糟糕的犯罪现场，人们连夜清理了现场，破坏了今天看来非常重要的识别犯罪者的现场物证。第二天早上华尔街又回复了商业的喧嚣——炸碎的窗户用帆布包着，工人绑着绷带工作，并没有因此受到影响。

协作理论被提得很多，纽约警察局和消防局、调查局以及联邦经济调查局就这次恐怖袭击展开调查。但每个部门都想领导这项工作，结果导致调查陷入了混乱。调查局询问了数百名在爆炸前后经过爆炸现场的人，但没有发现有价值的线索。收集的关于车夫和马车的信息模糊不清。纽约警察局重组了炸弹和雷管，但对于炸药的性质有着重大争议，所有用到的组件都是平常可以购买到的。

最令人感到有希望的线索来自爆炸前。信差在该地区发现了 4 封拼写粗劣的打印传单，一个自称"美国反政府战士"的组织要求释放政治犯。这些信随后被发现，与前些年两起由意大利反政府分子煽动的爆炸活动中使用的信件类似。调查局孜孜以求，在东海岸仔细调查，但寻找印刷传单的行动没有发现任何线索。

基于过去十年的炸弹袭击，调查局将怀疑的目光投向意大利反政府分子利基·加林尼。但这个案子没法证实，因为反政府分子已经逃离了美国。三年之后，民众关注热度下降，案子被打入冷宫。最终爆炸案犯没有被查出。最好的证据和分析，自 1920 年 9 月 16 日爆炸开始，意味着调查局最初的设想是正确的，正是一小撮意大利反政府分子应该为此负责。但关于爆炸案凶犯的谜仍旧未揭开。

5. 都是金钱惹的祸：奥色治山区的谋杀和故意伤害案

安娜·布朗是奥色治部落土著印第安裔美国人。1921 年 5 月，安娜高度腐败的尸体在俄克拉荷马州北部一个偏远的山沟里被发现。办案者随后发现在她脑部后面有个子弹孔。安娜没有明显的敌人，案子悬而未决。那本该是事件的结束，但是两个月后，安娜的母亲也离奇地死亡。两年之后，她的表兄弟亨利·荣恩也被射杀。然后，1923 年 3 月，安娜的姐姐、姐夫在他们房子里被炸死。

安娜·布朗　　　　　　　威廉·黑尔

一个接一个，在这个地区至少有20多人的死亡无法说清死因。被谋杀的不仅仅只是奥色治土著印第安人，还有一些非常有名的石油商和其他人。

为什么他们最终都同样死于非命？到底谁是幕后凶手？

这也是饱受恐惧折磨的当地民众急切想要弄明白的。当地一群私人侦探和调查员没有查出任何事情（某些人故意让调查工作偏离公正的努力，不进行认真调查）。奥色治印第安人部落只能求助于当地政府，调查局开始认真调查该案件。

一开始，所有的指控都指向威廉·黑尔，所谓的奥色治山之王。黑尔是一个当地牧场主，使用行贿、胁迫、撒谎手段，来掠夺获得财富和权力。19 世纪末期在奥色治土著人保留地发现石油之后，黑尔垂涎欲滴。几乎一夜之间，奥色治土著人变得非常富有，因为拥有了联邦政府颁发的"人头股",他可以从石油特许开采商那里获得股利。黑尔与安娜·布朗的关系非常清楚。黑尔的侄儿厄尼斯特·博克哈特意志薄弱,娶了安娜的姐姐。如果安娜、安娜的母亲,其他姐妹都死掉——先后离奇地死去,那么最后所有的"人头股"都将成为黑尔的侄子的股份……而这个侄儿是个任威廉·黑尔摆布的傀儡。战利品,就是每年多达50万美元或者更多的石油分红。

但要破案又是另外一回事。当地人都不愿意谈论这件事情。黑尔威胁或者贿赂了当中的许多人,其余的知情人对外来的调查人员心存疑虑。黑尔甚至布下可疑线索将调查局引到美国西南部。四名探员有着天才的创意。他们4人一个装扮成保险商人,一个扮演牛贩子、一个石油探矿员和一个采草药的医生去搜集证据。花了一段时间后,他们获得了奥色治土著人信任并且立了案。最后终于有人敢站出来说话了,其他人证实了所说的话。特工们取得了证据,能够证明黑尔安排了谋杀安娜·布朗以及她全家以谋取他们的石油权益,谋杀他的侄儿以获得保险,甚至还谋杀了曾经威胁过要告发他的人。

1929年,黑尔被认定有罪并判入狱。他的党羽,包括杀手和不老实的律师,也被判入狱。案子结了,印第安奥色治部落恢复了往日的安宁。

现在,21个驻地办事处100多名联邦特工负责调查全国范围内200个土著居民保护区内的案件,与各方面的合作伙伴一起维护部落司法和打击犯罪。

6. 阴沟里翻船：三K党皇帝包二奶被判入监

1924年3月中旬，一个看似荒诞但意义重大的案件为美国人津津乐道，爱德华·杨·克拉克，一名路易斯安那州的广告人，号称三K党皇帝的富翁被控违反了联邦法院的"曼恩法案"，一项1910年生效的旨在反对跨州贩卖白人妓女的法案。而事实是他正在携情人跨越州界，这点正是联邦政府诉讼并将他定罪的关键。

为什么将克拉克作为一名要犯？他可绝不只是广告人那么简单。他是三K党的忠实信徒，同时也是企业家。三K党的信条由三K党"上校"威廉·S·西蒙斯1915年提出，克拉克将其中反犹太、反非裔美国人、反浸信会徒信念牢记于心。而究其荣幸地进入联邦调查局的"黑名单" 原因，还要从20世纪初三K党的死灰复燃说起。

三K党自诞生之日起，一切行动就充斥着极端种族主义，这个团体由南方叛军中的军人组成，组织极其严密，等级森严，分工明确。同时因使用残忍恐怖手段迫害反对者而臭名昭著，反对者和背叛组织的人即便东躲西藏也难免杀身之祸。这些人还颇具黑色幽默的行为艺术特质，打击对手之前往往寄一些树叶、橘核等物品以示警告。三K党曾一度盛行，但南北战争后很快被取缔，而在 20 世纪初，随着资本泛滥，"民主世界"社会矛盾加剧，三K党残余分子瞅准时机打着"白人至上"的幌子，卷土重来，其势力很快得以发展蔓延。

作为三K党精英的克拉克，单论相貌，可以说是一表人才，甚至可以用"中年帅哥"来形容。他非常注意自己的着装，出现在世人面前始终是仪表堂堂、文质彬彬的企业家形象，配上一副极富绅士气质的金丝眼镜，充满了贵族风范，让人很难将他和穷凶极恶的罪犯联系在一起。然而，他暗地里却干着见不得人的勾当，是个十足的恶棍。

克拉克有着一套新颖实用的生意经，干三K党的同时也从不忘记捞钱。1920 年，在他和威廉·西蒙斯"上校"的领导下，同意在收取一定入伙费的基础上积极扩张三K党成员。结果他们的行动非常成功，三K党迅速将登记成员扩大到超过 100 万人。这样骄人的成果让他在三K党中的地位如日中天，他自己也过着骄奢淫逸的生活，除了享受奢侈的物资消费，他还不忘物色年轻的姑娘充当情妇，这也印证了"三K党皇帝"这个称呼。有了充盈的家底，他更加肆无忌惮，几乎疯狂地扩展自己的组织，丝毫不把联邦政府放在眼里。当然，狡猾的克拉克自然不会跳出来和联邦政府唱对台戏，他只是暗中操纵，与法律打擦边球。但纸包不住火，这只老狐狸最终还是露出了尾巴，而不幸的是，他被好猎手联邦调查局盯上了，这也意味着，他的好日子到头了。

1922 年，路易斯安那州州长约翰·M·帕克寄信给 J·埃德加·胡

1925 年三 K 党在华盛顿特区游行

三 K 党"皇帝"克拉克

佛，还有调查局的局长助理，内容是一封新奥尔良日报记者写的发自肺腑的私密信件"请求帮助，三 K 党在路易斯安那州疯狂扩张已经控制路易斯安那州的北半部。现在已经开始干着绑架、虐待的勾当，还杀死了两个反对他们的人……三 K 党还威胁了更多的人"。他们在固执的白人至上主义信仰下干着卑劣下流的犯罪勾当。他们私底下实施绞死、鞭打、碎尸、涂柏油插羽毛，绑架、泼硫酸，烧十字架等种种令人发指的恶行。这些人的罪行已经严重威胁到公共安全和秩序。在阿瑟·柯南道尔爵士写的《福尔摩斯侦探集——五个橘子》里对联邦特工和警探与三 K 党的斗法有着细致的刻画。道高一尺，魔高一丈，三 K 党在南方已经结成了一张任何人都难以撞破的网，不管是

路易斯安那州州长帕克

其内部的人还是外面试图去调查的人。

1922 年 9 月 25 日，联邦调查局副局长胡佛给局长伯恩斯的一份备忘录中讲到，由路易斯安那州州长帕克交给记者带来的一封信的内容"州长已经不能够用邮件、电报、电话来报告情况，因为三K 党已经干涉到内部。……案件都指向红海滩镇的一个三 K 党头目，致使两名白种男性……神秘失踪"。州长正在请求联邦政府协助。现在州政府应对已经完全失效，因为州长怀疑检察官、法官都被三K 党贪污腐败拉拢了，州长虽然愤慨，但他更担心自己脑袋的安全，现在只能寄希望于联邦政府了。司法部迅速出动，派出了 4 名得力干将——联邦特工法兰德、鲁尼、哈多斯通、阿肯斯 4 人协助路易斯安那州大法官收集三 K 党触犯州和联邦法律的证据。很快特工们就找到了两具尸体，并查出是义务治安员中的暴徒们绑架并杀害的。同时查到出头组织暴力活动的是在红海滩镇的三 K 党头目麦考因，他是红海滩镇的前镇长。

4 名联邦特工的调查很快就收到了红海滩镇的三 K 党分子的威胁，这些阴谋主要由什里夫波特市的一名检察官挑起的，这家伙是一个积极的三 K 党分子。当地检察官命令调查局特工赶紧离开路易斯安那州，否则将逮捕他们，因为调查局无权干涉州里事务。幸亏他们逃得快才幸免于难，但特工们继续展开他们的工作。1923 年，麦考因被控谋杀两人。

尽管有国民警卫队护卫，但证人仍旧被三 K 党分子绑架走，在场外三K党徒进行了一系列活动来破坏审讯。大陪审团最终拒绝控诉他们，其他参与谋杀的三K党分子处以罚金或者轻判了事。

胡佛可是眼里不揉沙子的家伙，不会放任这样一个"跳梁小丑"肆意妄为。但调查局如何开展调查呢？当时，联邦民事权力的法案很少，而调查局没有权力对各州发生的案件进行调查。三K党焚烧十字架和谋杀是各州范围内的事务。这时对三K党已经无可奈何，快要愁白了头的州长帕克几乎是拜求总统哈丁根据宪法（美国宪法第四章第四节）保证联邦政府应该保护各州免受国内暴力的侵害，采取行动。以保住自己的性命和饭碗。总统同意了州长帕克的请求。调查局迅速派特工进行调查，首先是要找到跨越州政府管辖范围的犯罪证据，才能以联邦的名义提出诉讼。

那么联邦调查局发现了什么呢？特工们不辞辛苦地穿越美国追踪三K党徒，随着调查的进行，带来了一个个"惊喜"，他们发现三K党已经通过给数百万人灌输偏见和恐惧心理，并在整个南部攫取了大量的政治权力。同时克拉克的运动极大增加了三K党的势力，扩张反响非常大。成员数量开始飙升，并且在各个州里都出现了三K党的身影。

通过对他个人调查，特工们发现"三K党皇帝"克拉克颇具卓越的商业头脑，通过收取10美元入会费将其中的8美元放入自己腰包，他还别出心裁地开展传销业务，利用三K党徒四处兜售起印有三K党符号的床单，这样不但能赚取微利，同时还涌现出了一大批"三K党广告宣传员"，他们以其声情并茂、唾沫横飞的宣传，尽情澎湃的演说来打动那些对极端种族主义抱有幻想的美国人，同时不忘以白人至上的名义大捞一把，当然这些对于走狗的行径，克拉克认为是无可厚非的，毕竟自己拿大股，这点甜头还是应该给手下的，克拉克也堪称是现代传销的鼻祖！但这些都没有触犯联邦法律。不过特工们还是发现他的把柄，克拉克的种种奢侈生活的事迹。他包养了一个情人，而且还经常和他的情人一起跨越州界，这些事实都没能逃过联邦调查局的法眼，此时胡佛已经看够了这群披着白色床单到处招摇撞骗的家伙们表演的闹剧了，于是他决定收网，首当其冲的就是克拉克，而克拉克本人也是万万没有想到会倒霉在自己包二奶这件事情上。俗话说"英雄难过美人关"，更何况克拉克只是个山寨版的冒牌英雄，自然劫数难逃。

接下来就是被后人奉为经典的戏剧性审判：一名联邦律师建议利用"曼恩法案"（联邦政府禁止跨州贩卖白人女性——妓女的法案）能将克拉克捉拿审讯并定罪。于是，克拉克在下一次与情人一起跨州旅行时被捕，以跨州界贩卖妇女罪论处。

虽然调查局费了九牛二虎之力，但无奈三K党在南方各州根深蒂固，很难一下子敲掉。当生活糜烂腐化三K党头目杨·克拉克丑闻曝光被送到监狱之后，三K党暂时转入了地下。这是调查局早期打击国内恐怖犯罪活动，维护司法公正的一段往事。

7. 招募哥萨克语言天才成为联邦特工

艾米里奥·克斯特里茨基（1853—1928）是所有曾经担任过特工人员当中特点最为鲜明的一个。他是一个精通至少 8 个国家语言的语言天才，也是一个追逐金钱的军事冒险家，但最终选择了成为联邦调查局的一名特工间谍。

他于 1853 年 11 月 16 日出生在莫斯科，母亲是德国人，父亲是一名哥萨克人。他以其语言天分著称：精通英语、法语、西班牙语、意大利语、波兰语、丹麦语、瑞典语等等至少 8 种语言。天哪，英语 6 级考试就难倒了多少英雄儿女，这家伙生在当今中国办个语言学校必定大发特发了。但更为精彩的是他充满传奇色彩的人生经历。

他十几岁时参加俄国海军，成为一名海军候补军官。1871 年 18 岁的他在委内瑞拉弃船逃跑，旅行到墨西哥的所诺拉州，改名为艾米里奥加入了墨西哥陆军。1880 年他在墨西哥边境参加了阿帕奇战争。依据美墨达成的互相协议，他还协助美国军队追赶越境到阿帕奇印第安人。克斯特里茨基很快就在美国陆军中声名远扬，人们称呼他为"墨西哥的哥萨克军人"。1885 年，他成为一名边境宪兵长官，负责墨西哥政府的海关警备。1913 年，墨西哥革命期间他被墨西哥革命军逮捕。在监狱中关了一年多，1914 年，他和妻子、两个女儿一起全家迁往美国加利福尼亚州的洛杉矶市，在那里他成为一名美国邮政部的翻译。

这个出生于传统的，俄国哥萨克家庭的军事冒险家在俄罗斯和墨西哥军队中效力 40 年，在墨西哥军队中干到了准将级别。当面对墨西哥大革命的狂潮，为了避免自己和家庭受到持续不断的墨西哥革命的伤害，他于 1914 年定居美国洛杉矶市。第一次世界大战时他装扮成一名德国医生隐居美国。

1917 年，克斯特里茨基的祖国俄罗斯发生布尔什维克革命，而他加入了联邦调查局，时年 63 岁。克斯特里茨基被任命为"特殊雇员"，类似于今天的助理调查员但有着更多的权力。由于他有着深厚的军事经历和国际联系（包括与墨西哥全国和美国西南部人士的密切联系和能用超过 8 种语言进行交谈，

艾米里奥·克斯特里茨基

阅读和书写的能力），他在调查局干得相当出色。他不仅仅承担了一些翻译工作，还进行秘密行动，这人真是老当益壮。1922 年 5 月 1 日，克斯特里茨基被正式任命为联邦调查局特工，享受每天 6 美元的薪金。因为他有着非凡的才能，因而被委派处理边境案件并且保持与墨西哥方面情报人员和官员的联系。无论从哪方面讲，

他都展现了他的外交才能及技巧。

1926 年，菲尼克斯市分局要求克斯特里茨基写一份报告，但是因为心脏病发没有完成。1926 年 9 月 4 日，他辞职了。1927 年他返回墨西哥，调查阴谋反对墨西哥巴哈加利福尼亚州政府的活动。克斯特里茨基 1928 年死于洛杉矶，并被葬在东洛杉矶的耶稣受难公墓。

8. 逃兵引出调查局的第一张通缉令

1919 年 12 月 2 日，23 岁的战士威廉·毕晓普溜出汉弗莱军营（今天弗吉尼亚州北部的贝瓦尔堡军营）的围墙。

毕晓普逃离军营后不久，陆军军事情报部就要求调查局协助找到此人。调查局一名助理主管，弗兰克·博克，发出了一封给"所有特工人员、特别雇员以及各分局"的信，要求他们尽全力抓捕毕晓普。

当时的人们根本想不到，这封信所引发的一系列事件将会永远改变联邦调查局和他的合作伙伴打击犯罪的关系。

在信里，博克将所有可能对于执法者追踪和识别毕晓普有用的信息放进去：一份完整的体型特征描写，直到右边腋窝下有一个深色胎记；他有可能前去的住所，包括她姐姐在纽约的家；一张近期在华盛顿特区第七街"霍华德艺术馆"拍的照片。博克将文件打上标签——1919 年 12 月 15 日——"第一号身份鉴定表"。实质上，这成为了调查局发出的第一份通缉令。同时也宣告了开展了 11 年的悬赏缉捕逃亡犯的历史走向终结，从此以后追捕逃犯都采取通缉令形式。

没过多久，身份鉴定表简称通缉令，成为了执法和打击犯罪的有力工具。1920 年，这些通缉令不仅仅传遍了美国，还传到加拿大和欧洲（甚至于全世界）。后来通缉令改进成了标准的 8×8 英寸表格，联邦调查局随后在上面加上了指纹识别（得益于不断增加的全国档案库），犯罪记录，以及其他的背景资料。到 1930 年代，通缉令被发往全

联邦调查局第一张通缉令

国各地的警署，号召公众搜索这些逃亡者。1950 年，在"通缉要犯"基础之上，联邦调查局创造了"十大逃亡犯名单"，成为逃亡犯的克星。

那么，逃兵毕晓普最后的结局是什么呢？在广泛发布的通缉令帮助下，他终于 1920 年 4 月 26 日被捕，前后不到 5 个月。

9. 联邦女特工先驱者

她们是先锋队，是第一批在联邦调查局从事特工工作的三名女性，也是第一批加入执法队伍的女性。

她们三人在纽约分局训练表现相当出色，超过了合格标准。

阿拉斯加·戴维森和杰西·达克斯坦因被分配到调查局的华盛顿地方办事处，两人在埃德加·胡佛局长上台后双双被开除，在1924年春，"茶壶盖丑闻"之后调查局要清理门户。乐诺·休斯敦在最初的裁员后被调查局录用，并且成为三名最早女性特工中工作时间最长的一名。她也被分配到了华盛顿地方办事处。1928年，她被辞退。主要原因是局长胡佛对黑人、拉丁美洲裔人和妇女不太喜欢。第三名妇女乐诺·休斯敦之所以能够留任，是因为她的国会

阿拉斯加·戴维森
1922.10—1924.6

乐诺·休斯敦
1924.1—1928.11

议员朋友对埃德加施加了压力。然而,她也没呆多久。调查局的档案表明,她被送进了精神病院,她扬言,"一出院,我就杀死胡佛先生"。从那时以后,胡佛就再也没有招募女特工人员,胡佛说她们"不会手枪格斗,而我们所有的特工人员都必须掌握这门技术"。

　　女性在调查局内一直没有地位,主要招募她们从事一些简单的办公室事务工作。所以,直到半个世纪之后胡佛去世,1972年当社会风俗改变之后,女特工才逐渐成为联邦调查局的重要组成人员。

FBI

Chapter 2

联邦调查局与美国黑帮

1924—1938 年

号称"终结了所有战争的第一次世界大战"结束后，另外一场战争却刚刚打响——在美国的大街之上。

最初都算不上打斗，最起码一开始不是。一方面职业犯罪的形势日益严峻，黑帮通过帮规变得富有和大胆；这使国家在 1920 年代失去活力。到 1920 年代中期黑帮像病毒一样快速扩散，据估计仅仅芝加哥一个城市就有 1300 个黑帮团伙。这很难清除掉。随着走私酒类赚的大笔金钱，匪帮开始配备英国枪支并且用金钱笼络政客和警察以逃避处罚。敌对的强势的"刀疤脸"吕卡彭团伙和鲁莽的"疯子"乔治·莫兰将城市街区变成了争夺地盘的战场。到 1926 年，在全美国大约发生 12000 起谋杀案，这真是一个疯狂的年代。

而另外一方面，执法行动异常薄弱，在高涨的国内犯罪高潮中，警察在武器上被匪帮超过，准备也不充分。处理酒类走私和地下酒吧就已经成为非常大的挑战，但"繁荣的 20 世纪"初期背后，诸如银行抢劫、绑架、偷车贼、赌博、毒品走私等等都成为寻常犯罪。

更多的时候地方警察因为缺乏现代工具和训练而窘迫。他们的执法权限到州郡边界上时即刻失效。

新成立的调查局，情况同样很是糟糕。20 世纪初的联邦调查局特工并不是高效率的模范。调查局在政治调查中臭名远扬。1923 年，在扳倒了哈丁总统内阁班子的"茶壶盖风波"当中，全国都知道司法部官员派出了调查局特工去监视反对自己的规则的国会众议院议员。不久之后，新闻媒体将这些秘密监视行动曝光，总统加尔文·柯立芝解除了前总统哈丁任命的司法部长哈里·多佛第的职务，1924 年任命哈兰·菲斯克·斯通为司法部长。

1. 联邦调查局缔造者：埃德加·胡佛粉墨登场

20 世纪 20 年代中期，年轻的调查局此时急切需要清理门户，这个重任落到了一个年轻的叫做埃德加·胡佛的律师身上。这个名不见经传的小人物在 1917 年加入司法部后可以说是平步青云，红得发紫。1921 年，他成为调查局副局长。三年之后，斯通任命他为调查局局长。如果说后来联邦调查局能够名声响彻全球，这些都与胡佛作为局长在整顿调查局和提高特工能力和调查专业化方面所作出的努力密不可分。胡佛在他的同行中提升之快恐怕连福特牌汽车也望尘莫及。

　　然而胡佛的成功是靠着自己的努力取得的，而并非靠裙带关系混迹。至于胡佛的相貌，最大的特点就是一双"牛眼"，堪与加利福尼亚州公牛不相上下，除此之外，他没有什么可以称道的地方。而有些人称赞他比好莱坞明星"马隆·白兰度"更英俊，这不是故意谄媚就是别有用心。胡佛在交际处世方面堪称大师，此人城府极深，厚黑学功底十分了得，也正因如此，埃德加·胡佛才能在错综复杂的美国政坛中成为联邦政府高官中任职长达半个世纪之久唯一一位局长。

　　胡佛的上台终结了调查局人员"混大锅饭"的时代，年仅29岁的胡佛开始描绘自己的政治蓝图，野心勃勃的他干的第一件事就是对调查局进行大刀阔斧的改革，使调查局成为专业和敬业的典范。而他决心之彻底、改革之迅速，成效之显著堪称"亘古绝今"，他通过清除关系户和不合格者，设置了一套严格的特工行为守则，建立了指挥部和外部作业的定期检查制度。坚持严格的雇佣标准，包括对所有特工进行背景调查，面谈，体格检查，1928年元月，他发起了对新进特工的正规训练，包括在华盛顿特区由胡佛亲自指导进行为期2个月的教程，新特工必须介于25岁到35岁之间，最好具有法律或者会计方面的经验，工作人员年轻化走在了其他部门的前列。

　　当胡佛1924年掌权之后，调查局有650名雇员，包括441名特工。5年之内，经过胡佛新官上任后的三把火，调查局只剩下339名特工和总数不到600名雇员。精简的调查局在胡佛的带领下蒸蒸日上，变得更加有组织，更专业，也更加有效率。

胡佛掌权之后一年内，一个使调查局朝着专业化方向发展的重要标志出现了，以司法部要求调查局负责加强国家两个主要的指纹档案库为契机。1924年夏季，胡佛迅速建立了指纹鉴证处（在后来的很多年内部通常称为"鉴证处"）来收集全国各个警察机构采集的指纹，并从中搜索与犯罪分子和犯罪证据相符的数据。

指纹鉴证是对于所有执法行动都很重要的新工具，这是胡佛不断追求调查局进行调查具有科学规律性的第一个成就，同时也是全国科学执法服务的有力工具。由于有了身份鉴定表，早期通缉令包含了指纹以及关于在逃嫌疑犯的各种细节特征，调查局很快就成为了全国犯罪记录的交换中心。到1920年代末，调查局与加拿大交换指纹，随后在1932年与其他友好国家政府开始交换指纹数据；随后的几年，它建立了相应的公民指纹文件用以调查非犯罪案件。到1936年，调查局已经建立了总数为100000份的指纹卡片，到1946年，指纹卡片达到1亿份。

利用指纹来抓捕罪犯和释放无辜者是良好的开端。1920年代法律的缺失引起了全民的注意，一些独立研究机构（包括由赫伯特·胡佛总统1929年5月所建立的维克夏姆委员会）确信每一个人都已经认识到了：在任何层次上的执法行动都必须借助现代化工具。

犯罪猖獗使得当局需掌控全国范围内的犯罪统计数据以便了解犯罪发展的趋势和集中资源打击犯罪。正如20世纪初调查局在领导警察系统许多改革一样，在胡佛和调查局的参与下，国际警察局局长协会创设了一个委员会推进这项工作。1929 年，局长们采用了一个分类和报告犯罪的系统并且开始收集犯罪统计数据。国际警察协会提议调查局利用其集中犯罪记录的经验来领导这项工作。

国会通过了这项提议。调查局于 1930 年负责这个任务。从此把握了全国的犯罪动态。

第三个主要的进步，是建立了犯罪科学实验室，实现了胡佛的强烈愿望。胡佛担任局长之后，他就鼓励他的特工们关注最新科学进展。1930 年以前，调查局总是从外面一次次请专家。此后几年，调查局技术实验室建成了，大部分都应该感谢具有非凡想象力的特工查尔斯·阿佩尔。到 1932 年时，实验室开始全面运转，为调查局和调查局在国内的合作伙伴提供科学检查和分析服务。

上述三个方面的进步来得适逢其时，1920 年代发端的犯罪浪潮到此时正要达到它的高潮。到 1930 年代初，明尼苏达州的圣保罗市，已经成为了少年诈骗犯的训练营；阿肯萨斯州的热泉市，成为了黑社会犯罪分子的窝点和休假胜地。吕卡彭于 1931 年被永远监禁（部分归功于调查局），但是他在芝加哥的犯罪组织在没有了他的情况下继续胡闹，并在随后的几十年中苏醒壮大。纽约黑手党的五大家族也在这一时期出现，黑手党头子"幸运儿"卢西亚诺联合暴徒们成立了黑社会"委员会"以及"杀手公司"开展不法行动。禁酒令于 1933 年废除了，到这时，大萧条已经全面凸显，老实的人们不再容易找到一份工作，变成十恶不赦的罪犯远比站着排长队领救济汤更容易解决生计问题。

截至1933年，一群危险和多次犯罪的匪徒将报复的怒火撒向全美国，特别是中西部地区。他们的名字很快就将广为传播。

其中就有约翰·迪林格，总是带着他那虚伪的坏笑，极力讨好媒体和人们，使他们相信自己是个无害的现代罗宾汉。而实际上，迪林格和他的持枪抢劫的手下是一群恶棍——暴徒霍莫·冯·米特，哈里·皮特·皮尔篷和约翰·瑞德·哈密尔顿，他们在美国心脏地带打劫银行，抢劫了数十万美元，途中至少枪杀了一名警察。

其中还有克莱德·巴罗以及他的女友波尼·帕克，这一对如胶似漆，恋得死去活来的亡命鸳鸯，有时还加上巴罗的兄弟和其他人，横行美国西南部六个州实施打劫和谋杀。

匪徒中还有粗鲁、神经质的"娃娃脸"内尔森，他的犯罪生涯中和很多匪徒合作过，从恐怖的罗格·陶西到吕卡彭、迪林格。后来在犯罪过程中内尔森还曾经与约翰·保罗·切斯和"肥仔"内格里合作过。内尔森是个十足的恶棍，对杀害执法者丝毫没有畏惧，他在7个月内枪杀了3名调查局特工人员。狡猾的阿尔文·卡皮斯以及巴克兄弟，不仅抢劫银行和火车，还在1933年策划了两起针对明尼苏达州富有的商业大亨们的绑架活动。

所有这些罪犯都成为了人民的公敌，被全国的执法者所通缉。最初，调查局在追捕匪徒中只担负很小部分的责任，因为这些犯罪很少触犯联邦法律。但在1932年林白绑架案后情况改变了，这使得调查局首次司法介入此类案件。1933年6月发生了"堪萨斯城大屠杀"，在火车站发生的血腥屠杀要了 4 个执法人员的命，其中包括一名联邦特工；约翰·迪林格的出格行为引起全国关注。

运用所有的联邦法律允许的手段，调查局开始全心关注如何能够抓捕到这伙匪徒。不论这个过程如何艰险，调查局还是逐渐取得成功。到 1934 年底，大部分的人民公敌类的匪徒被杀或者被捕。

波尼和克莱德是第一批倒霉的，1934 年 5 月，他们栽在德克萨斯州执法者手上（调查局的人提供了追踪这两人的线索）。1934 年 7 月，梅尔文·泼维斯等一批探员追踪到迪林格，在迪林格离开芝加哥电影院的时候将他击毙。"在堪萨斯城大屠杀中的雇佣杀手靓仔"弗洛伊德，1934 年 12 月在俄亥俄州一个农场与调查局特工和当地执法者的枪战中被击毙。1935 年 1 月，"娃娃脸"内尔森在与两名调查局特工的浴血枪战中被击毙。

调查局很快抓住了余下的几个匪徒。1935 年 1 月巴克"博士"被特工逮捕，几天之后臭名昭著的巴克"老妈"以及她的儿子弗雷德在福罗里达州被调查局特工击毙。阿尔文·卡皮斯，巴克匪帮的智囊，1936 年 5 月被捕并死于恶魔岛。

经过几年的转变，得益于与匪帮的战斗，默默无闻的调查局以及所属的"探员"成为家喻户晓的名字和大众文化的符号。与此同时，国会赋予调查局新的权力，包括可以佩戴枪支和实施逮捕。到 1935 年，作为调查局获得新身份的标志，该机构被重新命名为联邦调查局。

当 20 世纪 30 年代即将结束时，联邦调查局发现自己的主要任务将再一次发生改变。战争在欧洲已经打响，美国国内同情纳粹的团体越来越多，宣扬法西斯是解决美国悲剧的答案。因此上面所提到的被捣毁的匪帮，只不过是黑暗来临的前奏。

2. 干掉"刀疤"：用法律手段起诉搞倒黑帮大亨吕卡彭

在"繁荣的 20 世纪"，吕卡彭在多风的城市——芝加哥建立起了一个犯罪帝国：专营赌博，妓女，走私酒类，贿赂，打劫，毒品走私，收保护费以及谋杀的勾当气焰十分嚣张。但是执法行动却奈何不了他。更耸人听闻的是为了击垮他的竞争对手，在短短 7 个月内他和手下一共枪杀 200 多人。

早期的调查局很乐意整垮吕卡彭。但是这需要一项合适的联邦法律以及支持这项法律的证据。在那个时候，联邦政府关于反勒索的法律还不像当今的法律这么完备。甚至在吕卡彭命令在七个地盘上

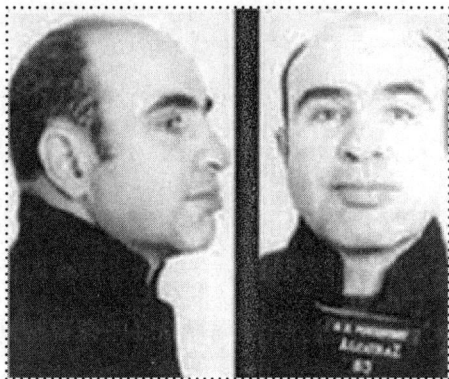

芝加哥黑帮老大吕卡彭

的对手发动臭名远扬的"情人节大屠杀"的消息不胫而走，广为

流传的时候，调查局仍然不能介入。为什么呢？因为这些杀戮仅发生在他所在的州，没有跨越州界，不属于联邦所管辖范围的犯罪。调查局的特工可谓是恨得牙根痒痒，在他们看来放任这个恶棍胡作非为简直是对调查局的亵渎。虽然短期内没有什么收获，但特工们还是不遗余力地寻找吕卡彭的破绽，终于功夫不负有心人。到了1929 年，调查局取得了突破。1929 年 2 月 27 日，吕卡彭在他位于佛罗里达州迈阿密市冬季居所被作为一名目击证人传唤，3 月 12 日在芝加哥大陪审团前为一件违反禁止走私酒类法律案作证。吕卡彭说他不能够作证。理由呢？这个老狐狸说六个星期前自己已患有支气管肺炎不适合坐长途车。他还拿出了医生的证明来"证实"自己的病情。

吕卡彭固然可以哄骗法官，但当联邦调查局介入时，他的这套把戏很快被戳穿了，芝加哥的律师被派去查明吕卡彭是否真的动不了，特工们赶往佛罗里达州，很快发现吕卡彭完全是一派胡言。在他本应该卧床不起的时间段里，吕卡彭外出游荡：去看赛马，还到巴哈马旅行。被着实涮了一把的法官，可谓是七窍生烟，差点没把鼻子气歪了，发誓要严惩这个"撒谎大王"，吕卡彭的霉运即将来临。根据各方面调查结果来看，他的健康状况出奇的好。这一出简直是司马懿装病赚曹爽的翻版，可这个狡猾的老家伙还是远没有学到位，联邦调查局更不是曹爽，吕卡彭只得认栽了。1929 年 3 月 27 日，当地检察官就此提出质询，吕卡彭因藐视芝加哥法庭罪在佛罗里达州被捕。

　　吕卡彭后来被释放，但从那以后，这个臭名昭著的匪帮走向衰落。而他也就此与监狱结缘。两个月后，吕卡彭因私藏武器被费城警察逮捕并判入狱一年。当他1931年被释放后，吕卡彭被审判并认定有蔑视法庭控诉罪。法官判决他入狱半年。经过这么来回折腾，老家伙那种不可一世的气势迅速被摧毁，一蹶不振。同时，联邦经济局特工开始收集关于吕卡彭偷逃收入税的证据。1931年12月24日吕卡彭再次因偷税漏税被判入狱服刑11年。当他服刑完从恶魔岛出来时，吕卡彭已经病入膏肓。活着已经是奢侈了，更不要说是干黑帮了，最终他死于1947年。

　　联邦、州政府以及地方政府历经各种磕磕绊绊仍坚持不懈，最后终结了吕卡彭这个黑社会帝国的老大。

飞行英雄林白之子绑架案

飞行英雄林白

长相可爱的林白之子

新泽西州霍普威尔市郊区占地 390 英亩的庄园里，查尔斯·林白和妻子安妮希望在经过历史性的不间断跨越大西洋飞行之后淡出媒体闪光灯之外。

俗话说得好，人怕出名猪怕壮。他们越是隐居，麻烦越是找上了他们。1932 年 3 月 1 日发生的犯罪震惊全国，林白一家和他们后来的悲剧成为随后几个月报纸的头版新闻。他们儿子被绑架的事情发生很突然，没有任何征兆。大约上午 9 点钟，林白夫妇 20 个月的儿子睡在自己家二楼的育儿室。有人爬梯子进入家里，爬进窗户，偷走了林白家的小男孩。1 小时后人们发现绑架者留下的一张索要赎金 50000 美金的勒索信。新泽西州警察局开始大规模的调查。随后出现了十多封勒索信，其中有一封要求约翰·孔东博士作为林白的代表去会谈，给了一个神秘的叫做"约翰"的家伙 50000 美元的金币流通券以保证孩子平安归来。憔悴万分的林白夫妇此时还对绑架者抱有幻想希望他不会伤害自己的孩子，但残酷的现实把夫妇俩抛进绝望的深渊，穷凶极恶的歹徒没有信守承诺，1932 年 5 月 12 日，孩子的尸体在离林白家不到 5 英里的地方被发现。很显然孩子在被绑架后不久就被人用枪射穿脑袋。面对痛不欲生的林白夫妇，面对愤怒的民众，只有严惩罪犯才能还以公道，这个重担自然要由调查局来挑。调查局一开始就已经介入此案，为新泽西州警察提供一切可能的协助。在这个案子的前期，绑架案并不是联邦管辖的罪案。在发现孩子尸体之后一天，赫伯特·胡佛总统命令所有国家调查机构协助新泽西州政府进行调查，由调查局牵头领导全国的调查机构。

　　随后的几个月，调查局用尽了各种调查手段不放过任何蛛丝马迹。探员们根据得到的上千条线索，包括一些干扰了他们查案的虚假报告。而后通过与孔东博士和其他人合作，调查局画出了"约翰"的肖像和有关他的性格和教育背景的轮廓。通过在华盛顿新成立的罪案科学实验室努力，调查局认真研究了勒索信的笔记，结论是笔记属于一名德裔。案子的突破来自于勒索得到的美金流通券。1933年5月2日，大约300元勒索来的美金流通券出现在银行存储款中，但从中未能获得有用的信息。1934年8月20日，再次发现16元勒索获得的美金流通券，通过外勤调查员不断地调查，最终确定了在纽约市的某个区域有勒索来的钱在流通，并且不到一个月后，10美元流通券在一个加油站被发现，一个机警的服务员记下了付钱的那个人的车牌号码。这个车牌号属于布鲁诺·理查德·霍普特曼，一个住在布隆科斯的德裔木匠。1934年9月19日霍普特曼被捕。嫌疑人的特征，长相很接近神秘人"约翰"。

勒索5万美金的信件　　　　　"约翰"素描与霍普特曼肖像极其相似

所有证据都证明霍普特曼就是犯罪者。他家里还有很多勒索得来的钱。他的笔记与勒索信笔记一致。他的车与绑架案发生时林白家附近目击者发现的一致。他的工具与在犯罪现场梯子上留下的印子相吻合就此案件真相大白。罪大恶极的霍普特曼最终他被证明有罪并判处死刑。

对调查局而言，这个案子意义非常重大。它展示了使用科学手段解决犯罪调查以及新成立的罪案实验室最初的成功故事。也正是因为这个惨剧，从那以后国会授权调查局处理绑架案。

3. 堪萨斯城大屠杀：联邦特工终于配枪

1933 年 6 月 17 日美国中心地带温暖如春。然而谁也不会想到密苏里州堪萨斯城的大型火车站外，一场令人毛骨悚然的惨案即将发生。

枪击后的堪萨斯城火车站现场

早上 7 点刚过，一阵短促的枪声在火车总站的东入口处爆响。枪口喷着火舌将子弹射向逮捕了逃跑的银行劫匪"果冻"弗兰克·纳什的一群执法者，当时他们正要将纳什塞进一辆两门雪佛兰然后把他送到附近的李文沃斯监狱去。

几秒钟内，两名堪萨斯城警官，一名俄克拉荷马州警长奥拓·里德，调查局特工雷·卡弗雷被谋杀（包括纳什本人）。在车内的另外两名特工向前伏倒，装死才逃过一劫。堪萨斯州特工主任里德·维特利，他站在汽车前面，奇迹般地逃脱，只受了点皮外伤。一名反应过来的警员从车站内对着逃跑的匪徒开了几枪，但此时匪徒们早已逃之夭夭了。

联邦特工卡弗雷　　　　　特工主管维特利

如此无耻地带着微型冲锋枪对着执法人员疯狂扫射，事件被称为"堪萨斯城大屠杀"，这是调查局历史上最为重要的罪案调查。全面展开了抓捕犯罪分子的行动并且使调查局获得了新的执法权力。

汤姆森冲锋枪，曾经是 20 世纪 20 年代美国黑帮的爱物。此枪便宜可靠，换装大弹鼓后泼弹如雨，威力大，火力猛，缺点是结构

美国 M-1928A1"汤姆森"冲锋枪

复杂，质量较大。

到底谁敢干这种事，又是为什么要干这种事？这是调查局要搞清楚的。刚开始进展缓慢，非常难找到线索，从幸存的执法者和目击者那里得到不任何有价值的线索。

随着案件调查的深入，已有的证据指向了一名叫做维尔内·米勒的银行抢劫犯和黑社会杀手，他策划了这次阴谋。米勒是纳什最为要好的朋友，纳什的妻子在大屠杀发生前一天已经与枪手接触过，请他们救出她的丈夫，但事实证明她找错了人。米勒跑到堪萨斯城，他认为自己应该帮助自己的朋友获得自由。在那里，他见了"靓仔"查尔斯·弗洛伊德，臭名远扬的在逃银行劫匪，以及他的同伙亚当·里歇，三个疯子根本没按计划去救同伙而是制造了血腥的屠杀，将纳什和执法者一同打成了筛子。至此，调查局得出结论，就是这三个家伙实施了这次犯罪。

调查局的当务之急是找到米勒。10 月特工们追踪发现他藏身于女朋友薇薇安·马西亚斯位于芝加哥的公寓里。随后展开抓捕行动，但当特工们冲进马西亚斯的公寓时米勒已经逃跑了，特工们只得逮捕马西亚斯并指控她窝藏逃亡通缉犯。一个月后，11 月 29 日，

弗兰克·纳什　　　　亚当·里歇　　　　"靓仔"查尔斯·弗
　　　　　　　　　　　　　　　　　洛伊德

米勒的尸体在密歇根州底特律市附近的一条沟里被发现，原因是米勒在与新泽西黑社会的冲突被杀，搜查到此结束。

调查局全力以赴搜寻弗洛伊德和里歇。据了解这两个人一直是和两个女人一起行动。1934 年 10 月 20 日，四名匪徒驾车到俄亥俄州，这天他们的运气差到了极点，先是弗洛伊德驾车撞上了电话线杆。而后万般无奈的里歇和弗洛伊德只得打发两个女人把车送到附近的维斯维尔镇修理，但他们没等来女人和车反而被当地警方瞄上随即发生枪战。里歇被逮捕，弗洛伊德逃跑了。两天之后，调查局和当地警局在俄亥俄州克拉克森附近的一个农场里发现了弗洛伊德，弗洛伊德被击毙在那里。

堪萨斯城大屠杀是执法过程中特别是联邦调查局历史上的晦暗点，是当时全国对于执法者众多攻击中最为致命的一起案件。惨案发生一年之后，国会给予调查局特工新的打击犯罪的工具——包括可以配枪和实施逮捕行动，这两项权力成为联邦调查局保护国家的坚强支柱。

4. 雌雄大盗：波尼和克莱德

波尼身高五英尺，有着深邃而略显羞涩的眼神，体重90磅（40.8公斤）显得很柔弱，这样的外表很容易蒙蔽他人的双眼，伪装的背后是一颗被罪恶侵蚀的心，她出身于达拉斯贫苦家庭，曾做过临时女服务员和业余诗人，由于对于生活深感厌倦并急切地想要得到更多东西而走上了犯罪道路。

克莱德讲话语速很快，和波尼的内敛相比他可算是"表里如一"，坏得不加掩饰，他曾是一名喜欢偷窃的小蟊贼，同样来自于穷困的达拉斯家庭。他痛恨贫穷并想一举成名。

相似的经历让两人很快沆瀣一气，结合到一起，成为了美国历史上最为出名的雌雄大盗。借助福特汽车的快速机动和手里拿着的枪，这两个贪图享乐和喜欢摆谱的人几乎将西南部各州沿路打劫个遍。

雌雄大盗在波西米亚式雪佛兰汽车旁

他俩的传奇故事，尽管在荧幕上描绘得无比浪漫，形象更是入目传神；这些只能归功于导演的匠心独运，和演员高超的演技，但是事实却与之相去甚远。从1932年夏天到1934年春天，他们穿越乡村过后留下了一条犯罪与恐怖之路，犯下了一系列诸如偷车、打劫加油站、乡村蔬菜店，临时银行、在情急之下绑架人质的案子。克莱德枪法极好并且使用起来毫不手软。据说他杀死了至少一打以上的人，包括警察和无辜的旁观者。波尼却只是跟随克莱德瞎混的。尽管她可能没开一枪，但她是克莱德的同谋。

克莱德·巴罗（左）与威廉·琼斯
在一起

波尼·帕克与克莱德·巴罗1930年1月在德克萨斯州相遇，很快就开始厮混到一起。尽管他们还都只是孩子，但克莱德·巴罗已经是一名老练的诈骗犯，尚不到21岁。帕克19岁，已经是一位前妻（没有正式离婚）。

克莱德在两人相遇后没几天

克莱德在道路指示牌边摆POSE

就被捕。很快，波尼拿着一支枪协助克莱德从维科城监狱出逃。他们沿着中西部一路打劫，直到克莱德再次被捕入狱。1932 年克莱德获得假释，本性凶残的他一出狱立即又开始了自己的犯罪生涯。谋杀了一名俄克拉荷马州警长和杂货店老板。到 8 月份，两人就一直在一起制造轰动新闻，他们穿越了德克萨斯州、俄克拉荷马州、密苏里州、阿肯色州、堪萨斯州、衣阿华州和伊利诺伊州。

调查局 1933 年加入对这两人的追捕行动。直到那时，调查局仍然缺乏介入地方犯罪的执法权限。到了那年的春季，特工们收集到他们偷了一辆车跨越了州界的证据，并追踪到了这对飘忽不定的罪犯的踪迹。直到 1933 年 5 月份他们才以触犯联邦的跨州界偷车的罪名被起诉，同时调查局也正式加入对这两人的搜捕。

那时，调查局特工继续工作，给全国的警官发布带有罪犯指纹，照片，特征描写，犯罪记录以及其他方面信息通缉令。特工追着这对雌雄双匪越过多个州界，并屡次追到他们出没的地方，特别是在路易斯安那州。调查局特工发现了波尼和克莱德与路易斯安那州的亨利·梅特文以及梅特文一家的联系，得知他俩已经偷了一辆车前往新奥尔良市。

特工金德尔不懈坚持
追踪到雌雄大盗

梅特文一家最终决定协助当局找到波尼和克莱德。

1934 年 5 月 23 日，事情总算有了一个结局。路易斯安那州和德克萨斯州的警官，包括德州骑警弗兰克·海默，潜伏在路易斯安那州吉布斯兰德附近的土路边的树丛中。执法者们设好了口袋阵就等着这对亡命鸳鸯自投罗网，大概上午九时左右，波尼和克莱德驾着他们深棕色的福特车经过。他俩在看到亨利·梅特文的父亲艾维在卡车边上站着好像车子坏了一样。于是减速停下来想去看个究竟，此时艾维急忙闪开，动作简直比兔子还快。就在两人还在迟疑的时候潜伏的警官们迅速开火，两名歹徒随即被击毙。

波尼和克莱德被击毙后好事者在围观布满弹痕的汽车

最终，波尼和克莱德得到了应有的报应，他们死于特工和警察们雹子般的弹雨之下。他们杀人越货的日子结束了，但是关于波尼和克莱德的传说（大多来自于小说和电影的虚构而并非事实）还会在未来的日子里延续。

5. 真人版警匪大片：约翰·迪林格的末日

一个炎热闷人的夏日晚上，曼哈顿的梅勒剧场的电影院正在放映着警匪片，荧幕上主演粗鲁匪徒布莱奇·加拉费的好莱坞明星克拉克·盖博以其精湛的演技不时引来观众的阵阵掌声。

在这个周日的夜晚，剧场外另一场真实版的警匪大戏在芝加哥街道上演了，领衔主演的是联邦特工与臭名昭著的约翰·迪林格，这场殊死的搏斗同样吸引全国注意力，也成为永远改变联邦调查局的标志性事件。

时间是 1934 年 7 月 22 日。精神紧张的芝加哥分局特工梅尔文·泼维斯站在靠近电影售票房门口。两个小时前他看到迪林格和两名妇女混在人群中进了剧场。其中一名妇女穿着一件橘色的衬衫（通常叫做"红衫"的那种）给当局通风报信，说通缉犯将会在现场出现。现在，泼维斯静待迪林格再次出现。

带着坏笑的匪徒迪林格

突然，泼维斯看到了迪林格。泼维斯熟练地掏出火柴点燃手中的雪茄。这是一个预先设计好的信号用来通知调查局特工和当地警官开始行动，但在滚滚人流当中，只有几个人看到了信号。

在过去的许多年里，很多次逮捕迪林格这样的不法之徒的机遇被浪费了，使得迪林格成为了一个犯罪传奇。调查局从中吸取了很多教训，这个过程可谓是步履维艰。3个月前，一名特工在紧急突袭迪林格位于威斯康星州窝点时被枪杀。13个月前在堪萨斯城大屠杀中，调查局1名特工人员和三名执法同伴死于"靓仔"弗洛伊德和其他几名匪徒之手。

但在这个晚上，调查局准备充分。特工人员提前设置布点和信号规定，以及认真的准备工作都表明联邦调查局已经学会了怎样应对极端危险的犯罪分子。计划并非十全十美，但奏效了。特工包围了所有迪林格可能出现的剧院出口和方位。

当迪林格跨上大街，特工们迅速从背后跟进。迪林格感觉到不对劲的时候他已经在劫难逃，特工查尔斯·温斯特德描述了当时的情景，迪林格快速转身将手伸向右前方口袋（内藏1把38mm口径的柯尔特自动手枪），并开始朝着巷子的侧路逃窜。

特工们没有丝毫犹豫随即开火，枪声过后，迪林格倒下，咕隆了几句含糊不清的话后死了。

搜捕迪林格行动就此结束。这揭开了摧毁黑帮时代的序幕，并成为了调查局演变历史上的基石。

"娃娃脸"内尔森的最后时刻

标准通缉令（"娃娃脸"内尔森通缉令）

内尔森原名莱斯特·吉利斯，1908 年 12 月 6 日生于伊利诺伊州芝加哥市。十几岁开始就和街头混混们在一起胡搞。14 岁时开始偷车，并因长相带着点婴儿肥被同伙戏称"娃娃脸"。20 岁他结婚时，妻子海伦·沃吉纳克随他改姓海伦·吉利斯。

海伦·吉利斯　　　　约翰·保罗·切斯

内尔森是阿尔文·卡皮斯的门徒和约翰·迪林格的同伙。

他更为人所熟知的是他的别号乔治"娃娃脸"内尔森，远比那些冷酷的匪徒们更为凶残和不计后果。有人说上帝创造他时设计上出了问题让内尔森这个不折不扣的坏脾气的冷血杀手长了一张孩子气的"娃娃脸"。这个恶棍曾杀死3名调查局特工，超过了历史上其他人。到最后，甚至连迪林格都不愿与他一道去打劫银行。

调查局在1934年7月迪林格死后加紧了搜索内尔森。到11月下旬，特工们已经接近了内尔森。于是调查局动手了，他们要让这个不法之徒为自己的罪恶付出代价、偿还血债，两个干练的特工受命去结束内尔森的罪恶人生。

11月27日，凌晨两点：两名特工在威斯康星州日内瓦湖（大约在芝加哥西北部60英里处）的一个监视点和内尔森遭遇。内尔森逃跑但随后被另一个定点伏击的特工追到，他抄到了车牌号码。与内尔森一起的还有他的妻子海伦·吉利斯，以及他的长期帮凶约翰·保罗·切斯。

大约下午 2:45：调查局检察官塞缪尔·P·考利领队搜索内尔森，了解到"娃娃脸"正朝着芝加哥方向逃跑。考利随即派特工比尔·莱恩和汤姆·迈克戴德去公路上搜寻内尔森的汽车。随后他带上特工赫尔曼·爱迪·霍利斯上了另外一辆车。

大约下午 3:15：特工莱恩和迈克戴德发现内尔森在公路上朝南部逃跑；他们便快速掉头来追踪内尔森。内尔森发现了他们并且连续两次掉头，态势成了他在追赶两名特工的车。随即发生枪战。特工莱恩打坏了内尔森车上的散热器，散热器热水飞溅。

没过多久：检察官考利和霍利斯的车超过了内尔森和他逃离公路的同伙。霍利斯掉头紧跟内尔森。结果内尔森的车子坏了。内尔森在靠近伊利诺伊州巴林顿公园附近时驶离公路。内尔森和切斯下车占领有利位置举枪对峙。霍利斯在距离匪徒车辆 150 英尺的地方来了个急刹车。切斯和内尔森立即开火。两名特工机警地跳离汽车并开枪还击。霍利斯被打死，考利中了致命的枪伤。内尔森也身受重伤，身上共 17 处枪伤，但他还是和同伙一起爬上调查局的车子逃离了现场。

大约 11 月 27 日晚 8:00：内尔森死于伊利诺伊州的维尔米特市，距离芝加哥北部商业区 16 英里。11 月 28 日凌晨 2:17：考利检察官去世。大约中午 12:30：根据线报，警察在一个公墓附近的小沟里发现了内尔森的尸体。

后记：切斯和海伦·吉利斯在这个月都被逮捕并送到监狱，结束了内尔森匪帮的犯罪史。

6. 欢迎来到指纹世界

　　指纹识别罪犯是当今应用最广泛的技术手段，在现代人看来认为是最平常的事情，但在 20 世纪初使用指纹识别犯罪可是相当先进的，虽然还处于萌芽状态但对案件调查却起了关键作用。值得一提的是当时广泛使用的贝迪永系统，使用几十个罪犯脸部和身体特征以及在附有照片的卡片上记录下一系列精确的数字。人们不禁想问，到底两个不同的人长相会一致并且有着相同的贝迪永系统标志的细节尺寸的概率有多大呢？

　　当然不会很大。但是却碰巧发生了一件两个人的贝迪永人体特征完全一致的事件。

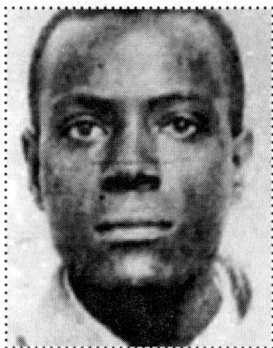

威尔·韦斯特　　　　　　　威廉·韦斯特

1903 年，一个宣告有罪的叫做威尔·韦斯特的犯人被送到堪萨斯州的李文沃斯联邦监狱。监狱负责登记的管理员，想着他好像认识韦斯特，问犯人是否以前进过李文沃斯监狱。这个新的罪犯坚决否认。管理员测量他的贝迪永人体特征并对照以前的文件档案，发现了一张叫做威廉·韦斯特的卡片。结果证明，威尔和威廉是一对离奇的双胞胎（他们是同卵双生的双胞胎）。因此他们的贝迪永人体特征近乎一致。管理员再次问：你是否来过这个监狱。犯人坚持回答：绝对没有。当管理员翻查囚犯卡片时，他发现威尔讲的是实话。因为威廉已经被关到李文沃斯监狱，因为谋杀被判终身监禁。于是管理员立即提取两人指纹，他们的指纹区别非常大。也正是因为这个意外使得贝迪永系统完全失效，正如记者丹·怀特黑德所说的那样。1904 年，李文沃斯放弃了贝迪永系统方法后开始录取囚犯的指纹。从此开始第一批联邦指纹库的收集。

纽约的国家监狱早在 1903 年就开始收集囚犯的指纹。在李文沃斯监狱事件发生后，其他警察和监狱官员开始仿效收集指纹数据。李文沃斯监狱与其他机构交换指纹数据，其指纹数据很快就达到了 80 万份。到 1920 年，国际警察协会开始关注到美国犯罪记录混乱且质量不稳定。国际警察协会督促美国司法部合并国内的两个指纹数据库——李文沃斯联邦指纹数据库以及总部位于芝加哥的各州和地方数据库。

4 年之后，通过预算提供给刚成立的调查局一笔资金来合并建立指纹数据库。1924 年 7 月 1 日，J·埃德加·胡佛，在被任命为代理局长不到两月后就组建了鉴定处。他宣布调查局欢迎其他司法机构提供数据并且为其他所有执法伙伴提供识别服务。从此以后，联邦调查局就掌管着全国的指纹数据库。

7. 联邦调查局实验室诞生

在联邦调查局历史上，1932 年 11 月 24 日被看做是联邦调查局实验室正式诞生的日子。但实际上这个日子只是"宣告"了不断进化的实验室成立的日子。

实际从 1920 年代开始，局长胡佛就开始关注科学分析，他敏锐地洞察到科学分析将会给案件侦破带来革命，更重要的是为自己的饭碗上了道保险，到 1930 年他授权使用外部专家来进行逐个案件的鉴证和证据检查工作。两年多的时间里，第一个真正具备各种功能的技术型实验室开始逐步成型。当所有的实验室功能集中搬到位于华盛顿特区的老铁路南大厦 802 室时，可以认为真正的实验室诞生了。

特工查尔斯·阿佩尔是调查局实验室的缔造者。在 1924 年加入到调查局前，阿佩尔是一次大战中的一名功勋飞行员。加入到调查局后，他开始专注于使用科学的侦探方法以严谨的态度进行犯罪调查。

阿佩尔在犯罪调查工作方面非常富有远见。他的工作得到了局长胡佛的全力支持，并且在参加了学习最先进鉴证技术的课程后的 1931 年，他开始寻求专家意见来筹建一个犯罪鉴证实验室。到

查尔斯·阿佩尔

老铁路南大厦

30 年代实验室内部照

1932 年 7 月，当他建议设立"一个独立的负责防止犯罪的部门"，下设"犯罪学研究实验室"，很快他就得到局长胡佛的认可。1932 年 9 月，老铁路南大厦 802 室被装备得满满当当，实验室的建设工作如火如荼地开展起来，到了 11 月 24 日，该实验室正式开始运行。新实验室按照 1932 年标准而言绝对是高档配置。它拥有一台崭新的紫外灯设备，印模设备（用于制作手足等印的模），照相器材，化学设备，还订购了一套用于检测枪膛内部的设备，以及鉴证利器——显微镜，但是令人匪夷所思的购买显微镜的申请却迟迟未得批复，不过这难不倒阿佩尔。他通过自己的人脉关系向鲍斯奇和罗姆公司借来一台以解燃眉之急，当申请批复后实验室拥有了自己的显微镜。

大约用了一年时间，阿佩尔一直是调查局唯一一名实验室工作人员（经常看犯罪鉴证美剧就应该看过《犯罪现场鉴证·迈阿密》，现代的鉴证处里面设备可不是一般多：指纹识别数据库、基因检测、弹道检测设备、犯罪侧写、犯罪热点分析软件等等，工作人员也都具备很强的法证专业技能）。1933年，他的笔迹和打印分析鉴证能力协助解决了一桩投毒案。在林白绑架案中对布鲁诺·理查德·霍普曼的有罪认定也得益于他对那张勒索字条的笔迹精确分析。

实验室是如此重要在案件调查中起着关键作用，但也许要特工们具备相关能力，当调查局开展关于科学鉴证手段办案的训练时，特工们欣然接受；随后他们把这种创新办案方式的价值告诉他们执法的同行。到了1940年1月，实验室已有46名职员。当美国卷入第二次世界大战时，实验室不断提高的技术和手段的价值体现得淋漓尽致。

8. "机关枪"凯利和联邦干探的传奇

1934年前，"联邦干探"是黑社会对于联邦政府或者其他特工干探的俚语称呼。实际上，因为J·埃德加·胡佛接手时的联邦调查局实力很小，黑社会经常把联邦调查局特工与经济调查局和禁酒调查局特工混为一谈。但到1935年之后，只有一种政府雇员被称为"联邦干探"，那就是联邦调查局的特工。

究竟是什么原因让联邦调查局这样闻名遐迩呢？

与此相关联事件的来龙去脉并不是很清楚。但可以肯定的是在 1933 年 9 月 26 日，一个人为捏造的故事在这个转变过程当中起到了中心作用。 据说故事发生当天，调查局探员和田纳西州警官逮捕外号"机关枪"的匪徒乔治·凯利。他是一名被通缉"逃亡要犯"。两个月前，凯利绑架了一名石油大王查尔斯·乌歇尔，并且勒索了他 20 万美元。当乌歇尔被释放后，调查局协同多个州的调查机构，从自己各个分局警察和其他警察处抽取调查线索，用来在全国范围识别和追踪这个恶贯满盈的匪徒。

1934 年 9 月 26 日，"机关枪"凯利被发现藏在孟菲斯市的一所旧房子里。而他被逮捕的经历也可谓扑朔迷离，有着各种传奇版本，一些好事的报社报道说，老态龙钟的，可能还有点醉眼蒙眬的凯利从床上滚下来，咕隆了一句"我早就预料到你们要找到我"。另外一个版本是说凯利从房子里出现，双手过头，哭丧道："别开枪，联邦干探，别开枪。"不管事实如何，反正逮捕凯利没有发生暴力枪战，但有一点是肯定的——调查局因此名噪一时。

剩下的就是历史演绎。更加丰富多彩的传说版本丰富了公众的想象力，并让"联邦干探"一词成为了联邦调查局特工的代名词。

FBI

Chapter 3

世界大战冷战时期：国家安全的中流砥柱

1939—1953 年

　　到 20 世纪 30 年代末，调查局开始自身的重大改革，调查局变得更为强大并且更有力量。虽然刚刚打赢了对持枪匪徒们的战斗，但联邦调查局抽不出时间来休息一下。因为此时世界正在向着全面战争发展，调查局的钟摆开始向着保卫国家安全方面摆动，联邦调查局必须从新聚焦和调整行动。

　　在 30 年代初期，所有的公敌基本是本土特产，从"刀疤脸"到"娃娃脸"都是美国本土土生土长的。而下一波的反面人物主要将来自远方，他们在很多方面更加凶悍和邪恶。他们中有具备高度侵略成性的法西斯独裁者，狂热的军国主义分子，也有向全世界输出革命的苏联共产党。他们派出间谍、颠覆分子、破坏分子特工军团，试图入侵、渗透甚至企图征服整个所在的地区，如果征服不了全世界的话。他们威胁的不仅是民主政治的生死存亡，而是威胁到人类和国家的命运。

　　时间到了 1939 年，这一年对于大西洋彼岸的欧洲来说是一个向着黑暗变化的转折点。1934 年，在距迪林格最后一次拔枪 1 个月之后，权力欲望极强的阿道夫·希特勒宣告自己成为"国家元首"，并且控制了整个德国。希特勒毫不犹豫地开始武装德国。他试图建立一个庞大的千年帝国——第三帝国。整个德国在这个野心急剧膨胀的疯子大肆煽动下陷入了对战争的狂热，没几年时间就吞并了奥地利和苏台德区（捷克斯洛伐克的德语区）。英国与法国，希望通过妥协绥靖来减小自身的损失，对希特勒德国占领这些地区认同。而这样的举措如同抱薪救火，到了1939年，纳粹德国侵略欲望已经突破英美和法国等国所能忍受的界限，希特勒控制了捷克斯洛伐克的剩余部分并且吞并波兰，英法没法逃避只有宣战。

远东地区，日本法西斯对中国和东南亚开始一波波的军事入侵。1931年9月18日进攻东北军，攻占整个东北，1937年挑起"卢沟桥事变"，攻下了中国北边的都城北京并发动了全面侵华战争。小日本的扩张野心并不仅限于中国内陆，与此同时，他们还企图控制沿海地带以及沿太平洋沿岸岛屿。甚至秘密袭击炸沉了一艘美国的炮舰。日本1940年12月正式与德国、墨索里尼的意大利结成轴心国家。

得益于两大洋的缓冲，持孤立主义的美国虽然面对世界风雨飘摇却又犯了隔岸观火的老毛病，美国民众早已忘记第一次世界大战德国人搞破坏时美国是多么无助。这个国家在动荡的第二次大战期间不可能全身而退，也绝对不可能固守家园。持续的大萧条为本土法西斯主义提供了肥沃的土壤。美国本土德裔美国人帮派这样的团体和银衫帮拥护纳粹理想，并开始公开宣扬法西斯主义；美国越来越多的人倾向共产主义建立无阶级国家并被其宣传所吸引；美国共产党以及其他有着类似思想的组织迅速吸引到数百万之众。

美国本土法西斯组织游行

对此，罗斯福总统非常关注，他怀疑这些组织是否与外国政治运动联合企图推翻民主政权，并开始进行活动。1934 年，他要求联邦调查局调查确定美国纳粹团体是否与外国特工有联系。到1936 年，总统与国务卿授权调查局收集关于法西斯和共产党团体对于国家安全潜在威胁的情报。同时，纳粹间谍在美国本土已经成为现实的威胁。陆军部和海军部的情报人员发现，德国和日本间谍的行动在 20 世纪 30 年代末开始逐渐增多。迫于紧张局势，海、陆军部情报部门开始与联邦调查局合作，共同打击间谍破坏活动。很快他们摸清了反间谍窍门，而后联邦调查局主导侦破这些反间谍案并且战果颇丰：在美国宣战之前逮到大约 50 名间谍，其中包括破获了老牌德国特工弗里茨·杜奎松为首的间谍链。

20世纪40年代初，整个美国已经进入战争状态并开始加大支援盟友的力度。很明显国家需要更加强大的情报来源来掌握轴心国对于美国的威胁。调查局掌控国内情报并且已经建立了广泛的情报来源网络，全国的所有执法机构的工作人员都是调查局重要的耳目。同时，联邦调查局还与加拿大和英国情报机构和执法机构建立了联系。摆在美国人面前的还有另外一个棘手的问题：由谁来掌控海外情报工作呢？如此重要的工作需要专门负责的机构，1940年还没有大名鼎鼎的中央情报局，就算是中情局的前身——战略情报办公室，也要等到1942年6月份才会建立。对于这项艰巨的任务调查局自然义不容辞，而后罗斯福决定授予全球各个情报机构特工各种不同的任务。调查局主要负责靠近国内的部分——西半球的情报工作。

战略上，这个安排是合理的，纳粹分子把南美洲和中美洲变成了向美国输送间谍的中转地和传递情报回德国的中转中心。联邦调查局历史上最为成功的但鲜为人知的故事，调查局1940年6月在总统主持下建立了中南美特别情报处，并派出数十名特工深入捣毁了轴心国的间谍老巢。在那个时期，开始派驻美国大使馆的作为外交官联络人的特工——当今的使馆法律参赞来协调调查局国际合作。

第二次世界大战的战火终于蔓延到美国，1941年12月7日，日本偷袭珍珠港，此刻联邦调查局已经做好了充分准备。实际上，当炸弹落到珍珠港，火奴鲁鲁特工主管罗伯特·西佛就与联邦调查总部和局长胡佛通了电话，西佛迅速完善联邦调查局早已制定好的战时行动计划，并且使全局开始一周 7 天、每天 24 小时全时运转的工作表。

调查局跟上战争节奏的一个行动，是将所有在美国本土并有可能对国家安全造成威胁的德国、意大利、日本侨民姓名清单合并到一起。根据总统 12 月 7 日晚的命令，调查局前往逮捕这些敌人，并将他们带到移民署听证会（由律师代表组成）鉴定或者放逐。在 72 小时内，超过 3800 名侨民被平和地监禁。局长胡佛没有理会大规模的人们那种歇斯底里的要求所有日裔美国人滚蛋的呼声，他反对那种措施是因为 1920 年"帕莫大搜捕"的侵犯公民人权的教训太深刻了，老谋深算的胡佛不会在同一个地方栽两回跟斗，他辩称道：调查局已经消除了真正的威胁。但是恐惧和偏见依然很强烈，1942 年上半年，大约 120000 日裔，大约有一半人成为美国公民，被军方以行政命令紧急羁押或者扣留，胡佛对此也无可奈何。

对于联邦调查局而言，战时的工作异常繁忙。调查局主要的作用就是保护本土和支持作战行动，从追拿逃兵到调查那些为了获取小利而故意提供有缺陷战争物资的公司。调查局继续对联邦工作人员进行背景审查以防罪犯混进政府部门。它还继续调查间谍案并努力收集和整理情报提供给决策者。联邦调查局鉴证实验室，变得越来越强，在巧妙截取和破解敌人密码方面成为了先锋部队。

联邦调查局还负责防止国内的破坏活动，而这意味着要对每一个暗示或者预示袭击的谣言都要及时赶到现场。但调查局收到的或者调查过的、总数超过 20000 份报告，最终全部没有发生；整个第二次世界大战的战争期间没有发生一起在美国国土上的破坏活动。那绝对不是一个巧合和侥幸得来的结果。在国家进入战争状态之前，联邦调查局已经调查了 2000 间工厂，并且提供了一系列加强安全的建议，包括特工们从英国学来的反间谍和反破坏活动的经验。但那并不意味着纳粹德国不想在美国本土直接进行破坏活动。1942年 6 月，德国潜艇到长岛和佛罗里达州西北部分别送了 4 名破坏分子。纳粹训练这些人从事爆破、化学和密写技术。但是其中的一名纳粹派出的破坏分子——乔治·戴希临阵退缩，投靠了纽约市的联邦调查局。很快特工们根据他提供的情报在破坏实施之前就追踪到剩余的七名破坏分子并逮捕了他们。

调查局国内反情报工作全力以赴，取得了许多成绩。联邦调查局雇佣了不同的双料间谍去破坏敌人的间谍机构，建立无线网络收集情报和传播假情报，使用科学技术手段追踪像维尔瓦利·迪金森夫人那样狡猾的间谍。所有这些新任务都需要招募更多的人员（国会预备提供这些资源）。调查局总人数从 1940 年时的 2400 名特工和工作人员快速膨胀，到 1944 年战争顶峰时期的 13000 名工作人员。因为调查局国家学院培养执法者的训练体制，调查局有一个由经验丰富的毕业生构成的预备队，他们可以被选中成为新的特工人员。联邦调查局引进大量职业的指纹识别、科学鉴证、记录管理操作员；鉴证处变得庞大，最后不得不搬到一个比足球场还大的联邦军械库。

当轴心国终于战败，整个国家都舒了一口气。德国的军队都被盟军部队俘虏。柏林被进攻的美国和苏联军队包围，1945 年 5 月首先向盟国投降。日苏战场上，日本关东军全军覆没，再加上在日本广岛和长崎两个城市投下两枚原子弹的威慑打击下，日本于 8 月 15 日也宣布投降。

1945 年 8 月 15 日二战结束了，但和平却没有降临。

事实证明，一个更加隐秘的，长时间的冲突，正在酝酿。世界仅剩的两大强国重新划分了世界地缘政治地图。美国将西欧和日本等地纳入自己的保护之下，而野心勃勃的苏联攫取了几个东欧国家当做自己的战利品，而东西方隔绝的"铁幕"已经降下，从实际上和象征意义上将欧洲分隔成东方和西方两大阵营，共产主义世界和民主国家世界。美国和苏联这两个世界超级大国，将花 40 年时间来试图获得压倒对手的军事和政治优势地位。当两个国家不断囤积核武器的时候，冷战危险不断升级。

联邦调查局不断增强的国家安全能力对于即将到来的冷战十分重要，但调查局很快发现自己有很多工作要做以便能够对付苏联间谍的入侵活动。尽管调查局通过对俄国大使馆调查了解了二战时期苏联间谍的情况，包括间谍瓦西里·祖布林以及其他间谍，但二战当中反情报资源主要被用来对付轴心国的威胁。而对于美国的"同盟"苏联，却偷偷利用战争时期将间谍特工安插到美国政府部门的关键部位。他们甚至暗中破坏了美国政府的政策决策，并试图影响联邦调查局的情报工作。

1945 年夏末，苏联译电员伊戈尔·古曾科变节和随后几个星期的美国公民伊利撒白·本特利变成苏联间谍，使得联邦调查局在了解苏联情报工作给美国造成的危害方面取得了突破性进展。1948 年，揭露苏联间谍案触发了国会的听证会，一石激起千层浪。《时代》杂志编辑维塔科·钱伯斯控告卓越的新政律师奥尔格·西斯是一名俄国间谍。西斯要求他证明自己的主张，钱伯斯拿出了西斯曾经通过他将绝密文件传递给苏联的铁证让西斯哑口无言，束手就擒。

最后，时代大潮开始转向。联邦调查局与其在情报领域的伙伴加拿大以及英联邦国家通过运用当时顶尖情报收集和分析工具一同开展强大的侦测攻势，开始瓦解苏联间谍网。到 1950 年代初，联邦调查局和它的合作伙伴大大消除了联邦政府的危险漏洞，并且开始采取主动措施有意渗透和欺骗苏联情报机构。这些卓有成效的工作迫使苏联重新组建他们的间谍活动，并开始依赖于"非法"的情报特工人员，即大量以各种不同身份伪装后潜入美国的职业间谍。最好的例子就是威廉·菲舍尔（鲁道夫·阿贝尔），他乔装成一名退休的摄影艺术家暗地来招募和监控苏联间谍。联邦调查局 1957 年逮捕了他。在此过程中一个行动代号为"薇诺娜"（Venona）的陆军通信破译项目对破获苏联间谍网起到了很大作用，项目的执行从 1943 年一直持续到 1980 年，联邦调查局从中获得大量由苏联间谍通过电报发送给莫斯科的情报，并和其他执法机构识别出了约

350 名与苏联情报机构接触过的人员。"薇诺娜行动"高度敏感，因此在极端保密的情况下执行了 40 多年；它的信息从未被法庭采用以防对苏联间谍情报机构打草惊蛇。调查局暗地里使用着"薇诺娜行动"获取的情报，例如，利用该行动的情报破获了由朱利叶斯和埃塞尔·卢森堡为首将原子弹秘密递送给苏联政府的间谍链。

调查局对传统犯罪调查工作，在冷战早期仍在继续。从 1950 年布林克斯抢劫案到 1953 年小鲍比·格林李斯绑架谋杀案。自 1950 年 3 月开始，联邦调查局启动了与犯罪斗争的有力工具——十大逃亡要犯通缉令名单，从此利用无所不在的新闻媒体和警惕性高的公众抓捕到了全国最为危险的 450 名罪犯。

当联邦调查局朝着 50 年代中期前进的时候，一项古老的犯罪挑战正在增加具——种族歧视将会主导国家舞台，并需要联邦调查局的强力介入。

1. 破获纳粹德国的杜奎松间谍链

如何向敌人发起反击？

这个问题困扰着濒临二次大战的美国人，联邦调查局就此交出了圆满答卷，早在还未开枪迎敌之前，联邦调查局就已经破获了在美国本土的纳粹间谍操控的大型间谍链具——一共逮到 33 人，从保罗·班特到倍特兰·沃尔夫冈·曾辛格。1941年12月13日，珍珠港事件爆发前6天，这些人都被宣告有罪或者被判入狱，包括间谍头子弗里茨·杜奎松。

所有一切归功于一个对纳粹德国侵略深恶痛绝，不愿屈服的德裔美国人。他叫做威廉·瑟博尔德，是一名为盟军服务受命于联邦调查局的双面间谍。

瑟博尔德是土生土长的美国公民，1921年离开家乡后在美国和南美国家的工厂和飞机制造厂上班。当他1939年回到德国，瑟博尔德被德国秘密情报机构高级官员"说服"去美国当间谍。瑟博尔德在汉堡接受了间谍训练（包括如何操作短波无线电），训练让他明白的不只是如何当间谍，更让他领教到了纳粹德国触目惊心的黑暗与残暴恐怖，对于这样一个纳粹分子标榜的"伟大祖国"，瑟博尔德除了痛恨还是痛恨，而后他的痛恨转变为行动，在秘密拜访在科隆的美国领事馆之后，瑟博尔德投向联邦调查局的怀抱表示希望合作。

1940年2月，联邦调查局等着瑟博尔德返回纽约。纳粹指示他采用代号"哈里·索耶"，扮作是一名柴油机动力专家。随后他就开始作为接头人，会晤在美国的其他间谍，将从德国来的指令传达给这些间谍，将收到的情报译成密码报告给纳粹当局。瑟博尔德不动声色的行动，联邦调查局对他恰到好处地提供帮助并加以利用，在其中插入了一些欺骗信息。

首先，联邦调查局工程师在长岛建立了一个秘密短波发射台。

在那里，联邦特工伪装瑟博尔德发送经过"艺术加工"的情报，对于瑟博尔德的德国上司而言似乎可信的情报达 16 个月。在那段时间大约发出 300 条情报，从纳粹德国收到 200 条情报。然后，联邦特工为"哈里"在曼哈顿建立了一间办公室以便于他来接见间谍。这间办公室被安装了隐藏得很好的微型窃听器和双向镜子以方便特工们观察和拍摄内部的一举一动。照相机秘密地卷动胶片记录下瑟博尔德遇到纳粹间谍想要把秘密和敏感的国防和战时情报递送给盖世太保。其中一个来访者就是杜奎松，一名在美国潜伏多年的老牌间谍，同时这个老狐狸还是纳粹德国驻美间谍集团的头目。在瑟博尔德破旧的办公室，杜奎松解释了如何在工厂放火，并且把他从德拉威尔一间工厂偷来的关于美国正在制造一枚新型炸弹的照片和计划都给瑟博尔德看。而另外一名间谍，特工们得知，正在准备制造一枚炸弹并且给瑟博尔德送了硝酸甘油和引爆器。

通过对这个案子周密调查一条间谍链逐渐浮出水面，调查局在掌握了足够的情报后指认这个间谍链的所有成员，33 名间谍依次被逮捕。19 人被判有罪，其余的在珍珠港事件爆发后被认定有罪。

因为联邦调查局这次大规模的调查，美国可以信心满满地在没有大的隐藏在美国本土的德国间谍网络威胁的情况下参加第二次世界大战。

2. 代号 ND-98：长岛的双面间谍与盟军 D 日计划

从长岛一间隐蔽的房子里传来明白无误的滴滴答答的电键声音。加密信息由一名代号 ND-98 的间谍发出。大西洋的另一岸，德国反间谍机构阿普维尔，纳粹德国最为重要的情报机构，随时准备接收来自于大洋彼岸的信息。

1942 年 2 月，ND-98 给他的德国上司发出了第一份电报。他自己也不确定自己的信心是否能得到承认，也不能确定自己是否能够被阿普维尔反间谍机构接收为间谍，更不可能想到自己将来收到的情报竟然会递交给纳粹政府要员并用于决策。

很多人都等待在长岛那间偏僻小屋的房间里，希望 ND—98 能够成功。他们神经紧张地摩挲着自己的联邦探员徽章。实际上，ND—98 并不是阿普维尔机构为这个间谍设定的代号；而是联邦调查局给他的代号。在实际生活中，他是一名为联邦调查局提供情报的进出口商，同时也是双料间谍……只是为了钱。这对联邦调查局是个不可错失的机会。

ND-98 并不是联邦调查局招募的第一名双料间谍。从 1940 年初，联邦调查局识破了在美国的德国特工，对他们进行"转化"，在不惊动他们上级的情况下利用他们的身份活动。很快，联邦调查局就在掌握德国情报机构的运作方法方面取得了较大进展，熟悉了识别德国特工的方法，以及如何反击德国情报机构行动的措施。同时还可以向纳粹德国政府发送假情报，就像战争期间分布广泛并取得极大成功的英国建立的反希特勒双料间谍网络所做的一样。

目光再回到长岛，ND—98 发送完情报后靠在椅子里。屋子里面空气顿时紧张起来。然后，突然，纳粹德国方面传来了响亮而清楚的回复：告诉我们有关部队的动向，以及武器和飞机制造的情况。调查局的人们很高兴去回复他们。通过 ND—98 的电键，发送了很多情报，通过精心调配准备以使纳粹德国确信是真的，但又不泄露真正有价值信息的情报。

这样一次又一次，联邦调查局将假情报（经陆军部和海军部正式批准）发送给纳粹德国，以此误导纳粹德国和协助盟国。这就像是在玩火。在关键时刻，ND—98 的无线电报告诉纳粹，美国将会在某日去攻打某个地方。德国军事领导将相应地集结他们的防御力量，但实际上，盟国军队却去攻打另外一个因受假情报影响而防御薄弱的地方（声东击西）。最值得一提的是，ND—98 在诺曼底登陆的 D 日进攻作战中帮助盟军欺骗成功，蒙蔽纳粹德国战略决策者，从而扭转西欧战局。

ND-98 长时间的无线电报和他在战争关键阶段发送的错误情报，使他成为了二战中联邦调查局情报作战中最成功的双料间谍。

3. 被记者忽悠的"东京玫瑰"：伊娃·户粟·阿基诺

1945年二次大战结束之后，美国军队开始搜寻日军高层领导以及参与战争罪行的其他人员。新闻机构变成了参与战争行为的工具，甚至对军事行动造成沉重打击，同样这也是犯有战争罪。

两名记者，亨利·布兰迪奇和克拉克·李开始搜寻日军方臭名昭

伊娃·户粟·阿基诺

著的宣传妖姬"东京玫瑰"。她试图在战争期间通过强调美国军人的辛苦和伤亡来挫败美海陆军战士的斗志。

通过不断调查和深入接触，两人很快就了解到，年轻的美籍日裔女人伊娃·户粟·阿基诺就是发布这些广播的人。布兰迪奇和克拉克承诺给阿基诺一大笔钱为她做独家专访，她犹豫再三但没能挡住金钱的诱惑，同意了。两名记者一巧舌如簧，一番高谈阔论之后让阿基诺签了一份合同承认自己就是"东京玫瑰"，但后来这两名记者拒付约定的独家访问费把阿基诺耍得团团转。

审判阿基诺的问题是，"东京玫瑰"并不是专指某一个具体的

人，而是美国士兵给一系列日军宣传广播中用美国口音广播的女性的编出来的别名。也正是由于两名不厚道记者的曝光使阿基诺逐渐以"东京玫瑰"的神秘主角身份走向台前，尽管不是由军方或者联邦调查局调查员调查的。这张广为流传的照片在战后给公众留下深刻印象，直到今日仍引起人们对于她在二战中的角色的各种讨论。

户粟·阿基诺原名户粟郁子。1916 年 7 月 4 日生于洛杉矶市。他父亲户粟淳 1899 年从日本迁居美国，母亲 1913 年迁居美国，全家定居于洛杉矶市。在她上学时，户粟郁子开始改名为伊娃，参加了加莱柯西科和圣迭戈市的语法学校。随后返回洛杉矶市并在那儿上了高中和大专。伊娃·户粟考入洛杉矶市加州大学，1940 年 1 月获得了生物学学位。她从事生物学研究生工作直到当年 6 月。在校期间，伊娃被认为是一个非常开朗的学生并被认定是一名忠诚的美国国民。她的休闲活动包括体育运动、徒步旅行、摇摆舞乐等。1940 年 6 月到 1941 年 7 月，她在父亲的商店里帮工。

独身前往日本

1941 年 7 月 5 日，伊娃从加利福尼亚圣佩德罗乘船前往日本，但没有办理美国护照。1942 年，她提出两条出行日本的理由：去看她病重的姨妈和学习药学。1942 年 9 月，伊娃到美国驻日本副领事那儿要求取得护照，申明自己希望返回美国并永久定居美国。因为她没有办理护照私自回到日本，她的申请被提交到外交部研究。正当她的护照问题得到解决之际，日本攻击了美国，日美宣战了。伊娃后来撤回了申请，说自己愿意在战争期间留在日本，随后就报考了一家日语语言和文化学校来提高语言技巧。从 1942 年到 1943 年末，户粟为同盟社当新闻打字员；1943 年她成了东京广播电台的打字员。

主持零点广播

1943 年 11 月，电台要求伊娃主持东京电台零点节目广播。这节目是日军方打击美国军队战士士气的宣传战的重要部分。零点广播每周除了星期天之外，东京时间晚 6 点到晚 7 时 15 分准时播放。户粟负责平日的多数广播，其他的女人则负责周末的工作。

伊娃参与的节目有"孤儿安""孤儿安妮"等等。伊娃在每个节目中的广播大约为 20 分钟左右，在这期间她进行宣传申明和介绍当日最流行的音乐，例如"说你爱我"、"在吉普赛茶馆的故事"、"爱是一首甜蜜的老歌"等等。零点广播的其他内容则是由从美国和其他新闻机构摘录的新闻条目。

1944 年，伊娃开始自己为这个节目写稿子。她在东京电台的月薪 150 日元（合 7 美元）。伊娃并不算是广播专业人员，但很多美军战士回忆说很喜欢听她的节目，特别是播放的流行音乐。至于宣传的价值，美军分析家认为这些广播没有造成美国军人士气的低落甚至还对士气有所鼓舞。美军唯一关注的就是安妮似乎非常了解美国军舰和军队的动向。

1945 年 4 月 19 日，伊娃·户粟嫁给了飞利浦·阿基诺，一名葡萄牙籍的日葡混血儿。他们的婚姻在东京的葡萄牙领事馆登记；但是伊娃仍旧没有取消其美国国籍。她继续从事零点广播直到二战结束。

二战结束后受审

1945 年 9 月，各大媒体纷纷报道阿基诺就是"东京玫瑰"的逸闻趣事。美国军方逮捕了伊娃。从 1945 年 9 月到 1946 年 10 月，联邦调查局与美国军方反谍报部进行全方位调查来认定阿基诺是否犯有反对美国战争罪，当局认定所有的证据并不适宜控诉，她被释放了。

1946 年年底，阿基诺申请美国护照。美国老兵协会以及知名广播员沃尔特·温切尔听到这事后异常恼怒，极力反对这名曾经是"东京玫瑰"的女人踏上美国国土。他们认为这个女人是叛国贼，应被逮捕和判刑，而不是欢迎她回国。

公众的愤怒使司法部确信该案应该重新考虑，司法部要求联邦调查局重新检查有关的案件记录。联邦调查局调阅阿基诺以往 5 年的活动情况记录。在调查过程中，联邦调查员访问了数百名曾在二战期间南太平洋战场作战的前美军战士，查阅没被销毁的日方文件，翻阅阿基诺广播稿件记录。多数记录，1946 年初审决定不起诉阿基诺之后很快又被销毁了。司法部要求取得足够证据判定阿基诺有罪，随后发表声明要求曾经听过"东京玫瑰"广播的老兵，如果能够辨别出广播员的声音到联邦调查局报到；同时司法部还派出一名法官兼记者哈里·布兰迪奇到日本寻找相关证人。问题是，布兰迪奇本人因为在调查中诱使他人作伪证而被怀疑，至于他的职业道德实在让人不敢恭维。

收集到了大量证人和证据之后，美国旧金山法官召集了大陪审团，1948年伊娃·户粟·阿基诺被控诉多项罪名。她在日本被关押，1948年9月25日被美军押送到美国旧金山。在那里，联邦调查局以在二次大战中叛国罪和为日军效力和提供协助等罪名将阿基诺逮捕。

判决10年监禁

阿基诺于1949年7月5日开始受审，刚好是她33岁生日的第二天。1949年9月29日，在控诉当中，陪审团发现了她犯有一项罪行，随即提出："1944年10月的某一天，确切日期不明，辩护律师说，东京广播公司的确在广播中提到了美军军舰的损失。"这也导致阿基诺这位以"东京玫瑰"闻名的女人成为美国历史上第7位被判叛国罪的人。1949年10月6日，阿基诺因叛国罪被判10年监禁并罚1万美元。

1956年1月28日，她从西弗吉尼亚阿尔德森的联邦女子感化院释放，共计在监狱服刑6年零2个月。她成功地抗诉美国政府驱逐她的行为并迁居芝加哥，在那里她在父亲商店里工作直到去世。1977年美国总统杰拉德·福特特赦了她。阿基诺于2006年平静离开人世。布兰迪奇及证人因为伪证的污点都没有在审判中作证。但也没有发现布兰迪奇收买证人的证据。在国家档案馆的联邦调查局记录中，司法部认为证人的证词与布兰迪奇的证词不能互相印证。所以，最终这起案件就这样草草收场。

监听美国共产党会议：在录音棚装窃听器

美国共产党领导人厄尔·白劳德 1936 年参加美国总统竞选，当
时获得 80000 票

设想一下：在下面的情形下你将如何采取行动？

第二次世界大战战争期间 1944 年 2 月的纽约。你的情报线人
告诉你，美国共产党正准备在曼哈顿中区的一个录音棚里秘密集会。

这里有些你所掌握到的情况：这个组织自成立之日起就从苏联
控制的机构共产国际秘密接受资金。他们暗地里伪造护照；为外国
特工机构提供掩护；收集美国的秘密情报传递给苏联情报机关；招
募间谍。而你的目的就是站在执法的立场去查清他们此次会议的目
的是什么。你已经清楚该组织领导人——威廉·Z·佛斯特和厄尔·白
劳德对于党组织的未来方向有激烈的争执：在支持还是反对美国的
战争行动出现了重大分歧。

那么你将采取下列哪种措施呢？（1）在录音棚的会议室里安装闭路监控录像设备；（2）躲在会议室的沙发下面；（3）召集起有音乐天赋的联邦特工并让他们在录音棚排演节目。

选择方案（1），只能证明你资质平庸，因为那个年代闭路电视监控还没有被发明出来，这种方法完全是异想天开；方案（2），别逗了！你以为你是憨豆特工啊！而选择方案（3），恭喜你，你已经是个完全合格的联邦特工了。

接到任务之后，纽约分局的第一件事就是电话通知所有在纽约地区的联邦探员：报告你能否演奏一种乐器。

这个问题让联邦调查局的探员们面面相觑、莫名其妙，但了解了缘由后，个个都表现出极高的热情，兴致勃勃地开始展示自己的表演天赋。同时调查局的监听工作也顺利展开。

首先，在美国共产党开会前一段时间，调查局租下了他们将要开会的录音棚。当一些特工在玩着拉格泰姆音乐的时候，其他的特工就在这个房间里到处安装窃听装置。

然后，调查局租下隔壁录音棚房间，在会议召开期间在会议室隔壁房间演奏音乐：一群"音乐家"带着他们的设备，演奏了一些交响乐，然后离开让下一组"爵士乐队"来演奏新曲子，来保证可以让特工们操控窃听装置。

"我认为白劳德同志（时任美国共产党主席）在犯错误。"佛斯特说道。白劳德同志想在战争期间支持美国参战。党不应该忘记阶级斗争，美国共产党绝对不能够支持资本主义政府的战争。

颇具讽刺意味的是，从苏联方面来讲佛斯特同志是对的，但不是在二战这一特殊时期。莫斯科为了对付纳粹德国暂时放下党的斗争纲领。暂时支持白劳德的主张，因为在战争关键时刻苏联需要美国这个盟友的战时合作。佛斯特失去了优势，不得不同意服从白劳德的领导。

不到一年半后二战结束了，莫斯科的策略再次改变。共产国际一个重要的欧洲共产党分支公开指责白劳德，显然是莫斯科总部的意思。1946 年他被清除出美国共产党，他的对手，威廉·佛斯特同志取而代之。一切又恢复常态具——继续阶级斗争路线。

4. 史上最完美犯罪：布林克斯抢劫案

该案被媒体称为史上"最完美犯罪"，实际上只是接近完美的

小马维尔船长面具

马维尔船长面具

犯罪。

1950年1月17日，波士顿市布林克斯证券公司的职员，正要结束一天工作，将没有运走的现金、支票和其他物品的袋子送到公司二楼的保险库。将近晚7：30，五个身手不凡的家伙迅速绑架了这些职员，更让这些职业惊讶的是这五个人戴着塑胶面具高度伪装，动作敏捷而安静像老鼠一样，戴着手套以防留下指纹，脚穿软底鞋防止踏出声音。而后这几个神秘的绑匪开始搬运那些袋子。几分钟后，他们偷走大约120万元现金和150万元支票和证券，成为当时美国历史上最大的一桩抢劫案，号称"世纪之罪"。

现场留下的证据毫无价值。只有一些用来塞嘴和捆绑布林克斯职员的带子和绳子。

波士顿警方和调查局特工接到报警后几分钟就赶到现场，检查犯罪现场，清查丢失物品，询问公司雇员（查明是否有串谋的线索和迹象），试图查清罪犯和他们的支援者的团队情况。

渐渐地线索开始浮出水面。2月份，警方发现了在抢劫中用过的一把枪。3月份，联邦调查局找到了那辆用来抢劫逃亡的卡车，至少是找到卡车的一部分，因为犯罪分子已经把卡车切开并扔到了废料场。几经周折探员们发现了一群有嫌疑的人：安东尼·皮诺，一个当地的混混，他的犯罪记录与这次犯罪相符合；乔伊·马克吉尼斯，当晚与皮诺在一起的波士顿黑社会人物；还有约瑟夫·澳柯菲和斯坦利·古斯丘拉，两个认得皮诺的前犯罪分子，以喜欢用枪解决问题出名（在这样一次抢劫中必不可少的"铜拳铁臂"），几乎没有不在场证明，他们的家离发现逃离犯罪现场的卡车非常近。

本来他们可能侥幸成功，犯罪分子都同意暂时把钱扣住慢慢把钱洗干净以免被发觉。因为这些无业匪徒有的是闲时间，其他有问题的家伙都很低调，藏着不做声。只有澳柯菲和古斯丘拉又闯了祸因其他犯罪而入狱。与同伴的生活的巨大反差让经常入狱的澳柯菲变得怀恨在心，并抱怨他没有分到自己合理的份额。当他几经尝试都没有达成愿望时，他决定向联邦调查局特工告发这件由 11 个人犯下的案子。

最后，调查局、波士顿警方以及其他执法部门于 1956 年 1 月逮捕了 6 名犯罪集团成员。另外 2 名已经入狱，1 个死了，另外 2 名被列入全美国十大逃亡犯名单而后被捕。大约超过一半的钱被找到，嫌疑人全部被审判。1956 年 10 月 5 日，波士顿陪审团认定他们全部有罪。

完美犯罪对所有人而言有了完美的结局具——当然对劫匪除外。

从布林克斯抢劫到的钱袋

1956 年发现的在波士顿市崔蒙特大街一间办公室发现其中一袋布林克斯抢劫来的钱袋里的现钞

5. 轰动世界：苏联原子弹间谍

那是一个只有寥寥几句却令全美国震惊的声明。

"我们有证据表明，最近几个星期内苏联进行了原子弹爆炸"。杜鲁门总统于 1949 年 9 月 23 日沮丧地向美国人民宣告。美国根本没想到这么快苏联就拥有了他们的第一枚核武器，不久冷战形势愈演愈烈。

联邦调查局在杜鲁门总统的申明发表前几天就已经知道这些原子弹间谍窃密事件，这得益于出色的陆军密码解码工作的进展，即现在我们所知道的"薇诺娜项目"。通过这个反间谍密码解码项目，关于间谍通过窃取美国原子弹的秘密去帮助苏联制造原子弹的证据已经牢牢握在联邦调查局手中。随后特工们关注到这件窃密案涉及多个情报来源，并赶往新墨西哥州的洛斯阿拉莫斯以及其他制造原子弹的关键地点进行广泛的询问和调查。

最终线索和情报指向了克劳斯·付科斯，英国物理学家和地下共产党员，他被送来参与洛斯阿拉莫斯实验室的曼哈顿计划。从此克劳斯返回英国，联邦调查局与军情五处（英国情报机构）联系，让他们对克劳斯严加监视。1950 年 2 月 2 日，克劳斯被英国逮捕，并承认过去 8 年间给了苏联大量关于核武器的秘密。

克劳斯说他是通过一名矮壮的、被他称为"雷蒙德"的美国化学家传递情报的。通过不断调查，联邦调查局追踪到了那个人。他的真名叫哈里·高德，是间谍链中的一分子。而关于间谍同谋的证据还在不断增加。高德开口供认了，把特工们引到了戴维·格林格拉斯那里，一个在洛斯阿拉莫斯实验室工作的美国人。格林格拉斯承认他卷入了传递原子弹秘密的事情。他同时指出他在这个间谍圈子里的领导就是居利叶斯·卢森堡，他娶了格林格拉斯的妹妹埃塞尔。两人都成坚决的共产党员。

居利叶斯·卢森堡以及卢森堡夫妇

据特工了解居利叶斯·卢森堡，一直在操纵一个志在偷窃美国军事技术的间谍链，已经从美国偷窃了雷达、导弹制导系统、原子能研究技术等。格林·格拉斯给了卢森堡一系列绝密文件，包括了攻击长崎同样的原子弹草图，还有洛斯阿拉莫斯的研究报告手稿。

调查工作由"薇诺娜计划"提供保障。一位历史学家把"薇诺娜计划"称为冷战中的反情报作战的圣杯。例如，1944年截获苏联电报的一部分如下："有关自由主义者妻子的消息：她用他老公的姓氏，名字是埃塞尔，年龄29岁，结婚5年……是一名同胞。"特工们认定自由主义者指的是居利叶斯·卢森堡。"同胞"是苏联当局给共产党员的代号。其他方面的电报证明埃塞尔知道她的丈夫正在窃密并送给苏联。

"薇诺娜"所获得情报是无价的，明确揭示了卢森堡是苏联间谍并由高德和格林格拉斯的证言所证明。但这些都不能够作为法庭证供，因为这将暴露"薇诺娜"这项秘密行动计划和美国反间谍行动。最后，居利叶斯和埃塞尔·卢森堡被逮捕了，被认定有罪，并最终被判决死刑。

6. 小小硬币爆出冷战王牌大间谍

一个硬币的价值有多大？

这不是一个猜谜游戏。这就是联邦调查局历史上的真实的案件。

真实的镍币和内部的密码情报

所有的一切开始于 1953 年 6 月。当一个布鲁克林区的报童捡起他掉下的一枚镍币的时候，像一个魔术一般，镍币自动从中间分开了。在镍币的中间是一个微型照相机，露出了一系列小得认不清楚的数字。之后这个报童被他自己递送的这份报纸头条报道，他做梦也想不到这枚特殊的硬币竟然是当时影响国家安全的重大事件的产物：冷战中的两大拥有核武器的超级强国，美国和苏联。

这枚硬币最终到了联邦调查局手里，从此开始了反情报工作，因为这枚硬币意味着在纽约有一个活跃的间谍。那么究竟是谁呢？纽约特工很快开始追踪中空镍币的来源。他们询问将硬币给报童的那些女士，但没有结果。他们询问当地的小说书店老板，但是没有人知道任何事情。联邦调查局特工磨穿了无数的鞋底，还是没有找到任何线索。

同时，联邦调查局调查员将这枚硬币拿到专家那里进行检测。华盛顿联邦调查局实验室科学家对于这枚硬币非常专注。他们很快就意识到图片上包含了一个密码信息，但是他们却没有办法去解开密码。尽管硬币的确暴露了一些线索。打印字迹，实验室专家总结认为，肯定是一台俄文打字机打出来的。金属化学分析显示硬币的后半部分是从第二次大战中使用的一枚硬币融化的。最后，这枚硬币被存档，但没有被忘记。

最为关键的突破发生在四年之后，苏联间谍雷诺·黑哈能叛逃美国。黑哈能实际上是在

叛变苏联特工黑哈能

美国出生的尤金·麦基，他掌握了各种关于苏联间谍的秘密。他引着联邦调查局特工找到了一枚带有打印信息的中空螺栓。当问到这是什么的时候，黑哈能说苏联人给了各种各样中空的物件：钢笔，螺丝起子，电池，甚至是硬币。他打开了其中一枚这样的硬币，这使得联邦特工立即就想到了在布鲁克林发现的镍币。线索终于连起来了。

从那儿，黑哈能让调查员追踪他的上司，化名"马克"的苏联间谍，此人没有外交庇护，使用着好几个假身份，是苏联间谍的总头目。

经过艰苦的侦察，特工们发现真实的"马克"其实是来自德国的威廉·菲舍尔，也就是鲁道夫·伊万诺维奇·阿贝尔，1957年6月21日被捕。尽管阿贝尔拒绝交谈，但在他的旅馆房间和办公室调查局有了重要收获：一个现代间谍设备的宝库。

弗朗西斯·加里·鲍尔斯　　　　鲁道夫·伊万诺维奇·阿贝尔

苏联间谍鲁道夫·伊万诺维奇·阿贝尔是克格勃上校，有"当代王牌间谍"之称。他深通谍术，善于伪装，成功地扮演了各种不同角色。西方谍报机关形象地称他为"千面人"。他在掩护自己的间谍身份方面所取得的成功，一直被作为教育和培养间谍新手的教材。

阿贝尔 1904 年生于莫斯科，从小聪明过人，20 岁就精通 6 国语言，天生就是从事间谍活动的好材料。后来，他果然成了苏联的间谍。1939 年，他潜入被德军占领的波兰，把自己打扮成狂热崇拜纳粹主义的德国侨民，成功地加入德军与纳粹党，不久又进入了德军最高统帅部情报局，并随德军来到苏联战场。随后，阿贝尔充分利用纳粹给予的权力与信任，窃取了大量核心机密。他不仅获得了纳粹的铁十字勋章，还获得了苏联方面秘密颁发的勋章。而在战争结束后，阿贝尔本想回国，但莫斯科总部却发来命令，要他以难民身份潜入美国，领导一个以获取美国原子弹情报为目的的情报网。间谍的生涯是充满各种危险的。1957 年，阿贝尔的一名新助手黑哈能突然背叛，出卖了他，而他却全然不知。当中央情报局便衣闯进阿贝尔的寓所时，阿贝尔灵机按动衣服上的特制纽扣，把藏在衣服里的微型胶卷也销毁了。

1957 年 11 月 15 日，53 岁的阿贝尔在美国因间谍罪被判 30 年监禁。但阿贝尔只在监狱里待了 4 年多。1962 年 2 月 10 日，苏联在连接西柏林和波茨坦的格利尼克大桥上用被苏联击落的美国 U-2 高空侦察机驾驶员鲍尔斯，将阿贝尔交换了回去。他回国后被当做人民英雄受到崇拜，还获得了"列宁勋章"。1971 年，阿尔贝病逝于莫斯科。

最后，报童所发现的中空镍币意义非凡：逮捕到一个潜藏的苏联王牌间谍，破坏了苏联精心布置的情报网，保护了联邦政府的国家安全。

7. 中南美特别情报处

谁能像泰格伍兹那样作为高尔夫球手轻松赢得一届海外主办的冠军赛，并且以此为纽带很快成为当地政治领袖的亲密朋友呢？

谁是南美某个国家高级警官的"最佳旅伴"？该警官极度自信，声称只看一眼就能认出那些鬼鬼祟祟从事秘密行动的联邦调查局特工。

又是谁成为了某个国家领导人的访客，并为该国起草立法和提高该国抵抗轴心国情报活动能力？

他们都是联邦调查局特工。二战期间在中南美洲秘密地为中情局下属"特别情报处"工作，该处依据罗斯福总统的命令于1940年成立。

二战开始后，中南美特别情报处工作迎来了最为关键的任务。1940年，南美洲成为了德国阴谋家的温床。短短几年间，仅仅定居到巴西和阿根廷的德国移民就超过了 50 万，他们当中很多都是第三帝国的支持者。与调查局早期其他与德国相关威胁的情报工作一样，罗斯福对纳粹德国在南部美洲的行动保持高度警觉。当美国 1941 年参加同盟国时，总统希望使得国家能够免受希特勒德国间谍危害，并收集轴心国情报以打赢这场战争。

在此后的 7 年，联邦调查局秘密向中南美洲派出 340 多名特别情报处特工和辅助人员。这是很重要的一个学习过程。特工们花费了很长时间来采取秘密行动和掌握当地语言。但是，几个月之后，南美特别情报处就运转得非常顺畅。他们收集情报并把情报发回联邦调查局华盛顿总部。在那里资料被分为可用的军事情报和其他类别情报。在海外，特情处采取了在加强执法方面和情报服务方面共享关键信息的措施，因此他们能够一网打尽轴心国的间谍和破坏者。

中南美特别情报处取得了多大的成就？我们就用数字来说话吧。截至 1946 年，该处查到了 887 个轴心国间谍，281 名宣传代理，220 名从事战时战略物资走私的轴心国贸易代理，30 名破坏者以及 97 名其他类型的特工人员。定位 24 个轴心国秘密无线电台，并收缴 40 台发报机和 18 台收报机。联邦调查局还用其中的一些无线网络向纳粹德国传送假情报和错误信息。

中南美特别情报处在二战中的功劳卓著：它使得美国本土免遭打击，为调查局在此后的情报工作和秘密行动提供了极为重要的经验，建立了联邦调查局海外执法随员的活动舞台。特别情报处战后解散，新成立的中央情报局接手特情处任务并将情报工作扩张到全球范围。

8. 叛国的玩偶案

1942 年初，5 封看似由美国不同地区的几个人书写和邮寄的信件，寄给居住在阿根廷的布宜诺斯艾利斯的一个人。更为让人奇怪的是，所有的信件都被"返还寄信人"，而所谓的在返还地址的送信人（俄勒冈、俄亥俄州、科罗拉多州和华盛顿州的女性）压根就不知道还有这些信件，根本也没发送过这些信件。

调查局因为战时检查员阻截一封盖有俄勒冈州波特兰市邮戳的信，被其中的内容所迷惑。于是把信件交给联邦调查局实验室破译。专家们就信件中涉及的关键词得出结论：3 个"英国旧玩偶"躺在"完美的玩偶医院"待修可能是指 3 艘战舰正在西部海军船坞修理；而"渔网"则指的是反潜网；"气球"指的是防御工事。

联邦调查局立即开展了调查。到了 1942 年 5 月 20 日事件有了进展，当西雅图一名女性打开了关键的第二封信件。信中写道："一个重要的商业伙伴给了她一件老式的德国素瓷娃娃穿着葫芦草裙……我打开这件破旧的玩偶……正在前往西雅图找人来修理这个就玩偶。"不久，联邦调查局发现了其他信件。调查局发现所有的五封信都是使用"玩偶密码"来描写美国海军的情况。所有的信件都伪造了具备法律效力的原始签名。全部打印的字母特征都显示信件是由同一个人用同一台打印机打出来的。但是怎样才能够将所有这些线索集合到一起呢？最后，一名居住在科罗拉多州的妇女提供了巨大突破口。她是被伪造的发信者之一，她是一位忠实的玩偶收藏迷。她相信麦迪逊大街玩偶店老板，维尔瓦利·迪金森夫人，该为这些信件负责。她说迪金森夫人因为她预订的玩偶晚到货而恼火。名字也对上号了：其他所有的妇女均是迪金森夫人的客户。

谁是维尔瓦尔·迪金森夫人呢？基本上，这成了一个谜。她生于加利福尼亚州，并在那儿长大直到 1937 年她和丈夫移居到纽约市。同一年她在麦迪逊大街开了一家玩偶店。迎合专门收集高价玩偶的收藏者和爱好者，但是她努力使商店保持流通。调查还揭示很长时间

迪金森夫人

内她与日本在美国的外交任务密切相关，她在自己的银行保险箱里藏有明显来自于日本的 13000 美元现金。

1944 年 7 月 28 日，迪金森夫人被判有罪时详细供认自己是如何在美国船厂收集情报，并通过由日本海军武官横山一郎提供的代码来起草这些信件。感谢上帝，这么重要的信件竟然被阴错阳差地发送到错误的地址，这也是至今令人们难以搞懂的地方。

9. 神秘的俄语信件

1943 年夏，一封匿名的俄语打印信件出现在联邦调查局总部。

说说这个阴谋：一名不满的作家控诉多达 10 名在美国的苏联外交官是间谍，包括驻旧金山和纽约的苏联副领事、驻华盛顿的苏联大使馆二等秘书瓦西里·祖布林。这名作者甚至宣称（实际上是虚张声势）祖布林是一名纳粹间谍。

这些控诉令人难以相信。苏联、美国在二战时期的盟国会对美国进行间谍活动？同时，调查局只能调查苏联在美国行动的外围活动，当时反间谍主要任务是反对轴心国间谍和破坏分子。现在这封信的出现，它是处于什么目的？大部分都是奇怪和不可信的，就像和纳粹德国的联系，但是其他部分肯定了调查局已经了解或者怀疑的情况。很明显这个作者是可信的，并且非常熟悉在美国的苏联情报机构。

实际上在四个月前，特工们已经知道祖布林和一名叫做斯蒂夫·内尔森的共产党官员进行了交谈。祖布林的目标是什么呢？他要渗透进入加利福尼亚州的伯克莱，该地实验室正在进行曼哈顿工程，即美国秘密的原子弹工程。联邦调查局将调查了解到的关于祖布林间谍的情况向陆军部汇报。陆军部开始对曼哈顿工程进行司法调查。当战争结束后，特工还要去检查其他试图偷窃美国原子弹秘密的行为，但那又是另外的故事了。

在同一时期，调查局果断地严密监视苏联间谍活动。特工们展开了一项主要是查找美国共产党与苏联外交官、共产主义国际党派、或者共产国际之间互相联系的情况。通过这个案子（代号为"共产国际机构"的案子）联邦调查局知道苏联间谍已经成为国家安全的重大威胁，这使得调查局为即将到来的冷战提前做好了准备。

10. 追星梦：黑色大丽花惨遭碎尸

1947 年 1 月 15 日，洛杉矶一位母亲带着小孩去附近散步时被毛骨悚然的场景惊呆了：一具年轻的女性尸体被齐刷刷地拦腰切成两段。

尸体离人行道几英尺远并被抛在那

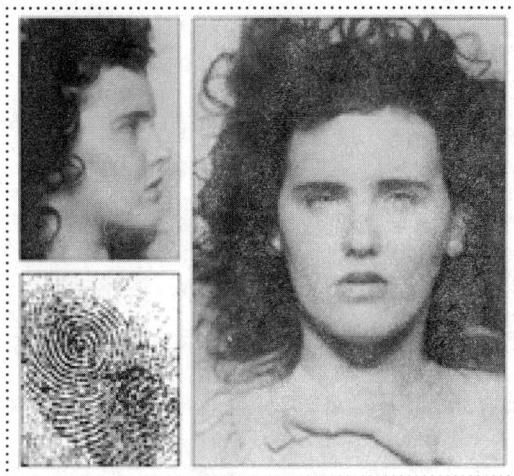

伊丽莎白·肖特的指纹及面部照片

儿，以至于那位母亲报告说她第一眼看到还以为是一个人体服装模型。而没有在意尸体上那些残缺部分和切口，现场却没有发现一滴血，证明该年轻女性是在其他地方遇害并肢解。随后的调查由洛杉矶警察局来牵头。警察局请求联邦调查局协助，很快就确定了尸体的身份。大约56分钟，实际上，通过从洛杉矶"声图"传真（新闻机构使用的原始传真机）采集到死者的指纹印后就确认了。死者是22岁的前景看好的好莱坞明星伊丽莎白·肖特，因其传闻特别喜欢穿黑色透明装，并在那时出演过电影"蓝色大丽花"而被媒体称为"黑色大丽花"。

肖特的指纹在联邦调查局大规模收集中出现过两次（当时共超过了1亿份指纹资料）：第一次因为她1943年1月应聘加利福尼亚州库克军营物资供应所的职员；第二次是7个月后她因未成年饮酒被圣·巴巴拉市警察逮捕。调查局还有她的"嫌犯面部照片"并提供给媒体。

现场勘验报告

白人女性裸尸，弃置于诺顿街区荒地，尸体自肚脐处被拦腰斩成两段，面部朝上，双臂上举，肘部弯曲，双腿笔直伸展，分开角度很大（大于60度），两部分尸体被对正摆放，中间相隔约50厘米，尸体被清洗得很干净，现场未见血迹，乳房遭到严重破坏，嘴自两边嘴角被割开，伤口直至耳根。发现尸体时间为1947年1月15日上午10时许，从尸体上的露水痕迹判断弃尸时间可能为凌晨2:00左右。弃尸地点周围经常有车辆行人经过，未得到目击报告，很明显，弃尸地点并非案件第一现场。

被害人尸检报告

被害人经指纹核对确定为 22 岁的白人女性伊丽莎白·安·肖特，身高 171 厘米，体重 51.2 公斤，蓝眼睛，头发原为褐色，后被染成黑色。因为尸体有被冷藏过的痕迹，所以死亡时间只能粗略判断是在 14 日 15:00—17:00 之间，死因为头部遭到重击导致颅骨内陷或面部失血过多，还有可能是由于面部失血流入肺部导致其窒息而死。尸体被自肚脐处切成两部分，时间应当在被害人死亡后，但由于尸体破坏情况太严重，且致命伤口过多，所以亦不排除被害人是被活着切割开的。血液基本被放尽，尸体内外全部被用水清洗过，未找到任何精液或类似的痕迹。

尸体上半部分：

头部呈内陷式骨折，面部多处淤伤，嘴部自嘴角向两边割开，伤口呈锯齿状，下颌骨与咬合肌均被切断，伤口直至耳垂，该伤口使得被害人面部看似呈现一种诡异的笑容（很明显是参照了小丑化装的样子）。很反常的是，口腔已经出现了比较严重的腐烂，而且里面塞满了可能是用来止血的蜡。颈部无明显外伤，但有被捆绑的痕迹。胸口伤口多，主要集中在两乳房位置，右侧乳房几乎被切掉，其他伤口多为锯齿状切割伤，另有多处烟头烫伤。上半身的脏器被塞入胸腔，经解剖，胃内无半消化状的食物，但是部分残渣显示被害人曾经吞食或被强迫吞食过大便。双臂有多处淤伤及骨折，多根手指骨折，红色的指甲油大部分已脱落，还有几个指甲被拔掉，手腕处有被捆绑的伤痕。

尸体下半部分：

脚踝处有被捆绑的伤痕，伤痕面积大，伤口自下向上翻起，被害人可能被倒吊过，双腿自膝盖位置骨折，大腿有多处伤口不深的刀伤（大部分是划伤）以及淤伤，其中左大腿前侧有一较大的伤口。生殖器无遭到侵害的痕迹，肠子等脏器被冲洗后塞入腹腔，下腹部有一个类似做过子宫切除手术的伤口，子宫被取走。总体而言，下半身的脏器丢失较多。

从被害人伤口判断，被害人是被用大型砍刀类武器分尸，其死因存在多种可能性，但是毫无疑问，她在死前被惨无人道的折磨了36 至 48 小时，犯罪人用于折磨她的凶器应当是短刀以及棍棒等。

被害人的背景资料

被害人伊丽莎白·安·肖特，1924 年 7 月 29 日出生于美国马萨诸塞州的海德公园市，父亲克莱奥·肖特，母亲是菲比·肖特，被害人在肖特夫妇的五个女儿中排行第三，其父在她很小的时候借伪装自杀离家出走加利福尼亚，多年后打电话给其母亲复合，被其母拒绝。

贝蒂（即伊丽莎白·安·肖特）在 1940 年被送到迈阿密，她随后辍学去酒店开始做服务生。16 岁的贝蒂已经出落得甜美动人，并开始效仿当时的偶像影星迪安娜一身黑色的着装来树立自己冷艳的外形。少女时代的贝蒂就树立了两个理想：第一，嫁给一个军人，最好是空军；第二，成为一名演艺界明星。她开始混迹于军营和海军基地附近的公共场所，并与多名军人发生过纠葛，她父亲对她这种状态非常反感，加之父亲在她幼年时对整个家庭的遗弃行为，最终导致了其父女关系彻底破裂。

1945 年年底，贝蒂与一名叫马特·戈登的飞行员确定了恋爱关系，戈登后被派驻海外；不久后戈登的母亲给她发来电报，说戈登因飞机坠毁死亡（该情况后被核实），贝蒂生前这段恋爱关系随告结束，但是戈登已经无疑幻化成为了她心目中的归宿，在她被杀害后，在她寄存于长途汽车总站的个人物品中仍保留着记录戈登死亡的报刊文章。在她失去爱人的同时期，一部名叫《蓝色大丽花》的电影上映了，由于贝蒂的那身黑色装束（穿着黑色的内衣、内裤、外衣、裙子、丝袜、黑色的鞋，甚至把头发染成了黑色，还戴着黑色的廉价戒指），她周围的人开始称呼她"黑色大丽花"。

贝蒂白天徘徊于好莱坞的街头，并幻想在某天被"星探"发现，从此走上成为演艺明星的道路；而晚上她则不得不从自己的"白日梦"中回归现实——由于她的虚荣和懒惰使得自己一直生活在贫困线以下，她甚至付不起一天一美元的房租，她只能用身体作为代价去向任何一个对他有"兴趣"的男人换取食物、酒、香烟、衣物乃至一张可以过夜的床，有证据表明她也曾经偶尔通过卖淫来挣一点生活费，获得为数不多的钱也很快会被她挥霍掉——贝蒂宁可挨饿受冻也不愿意缩减自己在服饰方面的开支。同时，由于贝蒂在生活上的放纵以及为人的自大虚荣，她身边几乎没有一个真正的朋友，也没有哪个男人愿意与她维持长久的关系，哪怕只是简单的肉体关系。

1947年1月8日，她认识的一个男人收到了贝蒂寄来的一封信，信上说她已经去了芝加哥并尝试做一名时装模特（这很可能也是她许多"白日梦"中的一个）——这是她生前写过的最后一封信；1月9日，一名叫罗伯特·"红"·曼莉（因为她长了一头红发）的推销员开车送她到芝加哥的长途汽车站（贝蒂行李就寄存在了这里）——这也是贝蒂生前最后一次被人看到，她说她要去芝加哥看望她的姐姐，但是没人知道她到底有没有坐上这趟长途车。

直到1月15日，她的尸体被发现，贝蒂尽管已经失踪了将近一周的时间，但没有人因此向警方报案——她在短暂的一生中希望成为人们注目的焦点，但是事实上没有任何人真正关心她。

后续调查情况

1月25日，贝蒂的黑漆皮钱包和黑色的鞋子距离其尸体被抛弃地点只有几公里处的25街区1819E单元处的一个垃圾桶内被发现了；1月23日，报社收到了一个包裹，包裹内有贝蒂的出生证明、社会保障卡、她生前与许多军人的合影、一些名片、报道马特·戈登死亡的剪报、寄放行李的寄存票以及一本通讯录，通讯录上虽然有几页被撕掉了，但是依旧剩下了75名男性的名字和联系方式，随包裹寄来的一个信笺上是用从报纸或书刊上剪接拼凑的几句话："这是大丽花的财产，还会有信件寄来。" 1月28日，一封短信被寄送到警署，这回是用手写的几句话："周三，1月29日上午10点是转折点，（我）要在警察那里寻开心。"落款是"黑色大丽花复仇者"，很多人依据该信笺的内容推测凶手很可能将要在上述时间自首。当然，凶手并未如"约"自首，而且马上又寄给警方一张剪接加手写修改的信笺，上面说："（我）改变主意了，你们不会和我公平交易的，大丽花的死是合理的。"

以上三封信笺中，第一封可以说无疑是犯罪人寄来的，第二和第三封被推测为极有可能是也是犯罪人寄来的。在所有十六封疑似犯罪人寄来的信笺中，只有这三封是得到了官方各专家和学者一致认定的。

遗憾的是，在这三封信笺以及包裹里的物品中都未能找到犯罪人的指纹或其他有价值的线索。

案件被公布后，在很短时间内就有 33 个人向警方自首说自己就是犯罪人，警方在通过各种排除了他们的嫌疑后将其中大部分送进了精神病院；最后见到贝蒂的罗伯特·曼莉和收到她信笺的菲克琳都经多次询问与测谎被排除了嫌疑；贝蒂通讯录上有记录的 75 名男性经调查被全部排除……联邦调查局与警方先后详细调查过数千名有可能存在的嫌疑对象，但是最终一无所获。本案遂成为了二战后美国加州历史上最耸人听闻的悬案。

为了支持洛杉矶警察局，调查局查找可能疑犯的记录并在全国范围内进行审问。因为尸体被非常清楚地切割，最初猜想认为谋杀犯具备解剖知识。特工们还对南加州医学院的一部分学生进行排查。但在这个案子里有一个非常令人着急的潜在的漏洞，调查局搜索一封可能是凶手寄给当局的匿名信上发现的指纹，但遗憾的是没有在指纹库找到匹配的资料。

到底是谁杀害了黑色大丽花？这已经成为一个永远的谜。凶手至今未能查明，不论用去多少时间，可能再也无法查出来。而有关的传奇仍在继续……

贝蒂——伊丽莎白·安·肖特——"黑色大丽花"，最终被安葬于奥克兰的一处公墓中，在她的葬礼上，只有6名亲友来凭吊了这个年仅22岁的命运悲惨的女性。

FBI

Chapter 4

为所有的人寻求公正

1954—1971 年

1954 年春的一天，当 9 名身穿黑色长袍的最高法院法官坐在桃花心木长椅背后，正式宣布学校系统将黑人与白人分离是一个根本不公平的制度时，黑人们都竖起了耳朵，消息像长了腿一样立即传遍了美国本土。

1955 年 12 月 1 日，一名 42 岁的叫做罗莎·帕克斯的黑人妇女干完一整天的活后，拒绝将她的巴士座位让给一名名白人男子，由此引发追求种族平等的风潮开始席卷美国。当时还是一名名不见经传的浸信会牧师马丁·路德·金以她的经历作为由头，成功领导了对阿拉巴马州蒙哥马利巴士公司的联合抵制。

"我们一定要克服种族隔离制度"，黑人和白人同样都开始呼吁，他们期待跨越长久对于非裔美国人的偏见和不公正。托马斯·杰斐逊签署了著名的宣言：所有的人，生而平等。两个世纪前这么说是非常前卫而且正确的。但是现在事实的情况是，美国作为一个国家真的是保证所有国民生而平等吗？我们能否为全民带来公正？民众权益运动希望能够得出答案。

随后几年里，联邦调查局卷入种族斗争。调查局自身在维护种族平等上有着不光彩的历史，第一批的 34 名特工中有 10 多个以工偿债的"苦力"，按照现代观念就是奴隶工。随着社会的进步和民众平等意识的觉醒，调查局不得不停止了针对公民权力犯罪的调查;调查局 1920 年代开始与三 K 党斗争，在很长的时间里调查局都掌握着所谓的"肤色法律"案例，其中涉及由州和地方当局实施的残忍人权犯罪。

比如在 1947 年，当乔治亚州一名地方警长和他的副职旁观一伙穿着三 K 党服装的歹徒烧掉十字架并狠揍一群黑人的时候，调查局的调查结果认定这两人有罪。联邦大陪审团将这个案子中调查局特工的成果提出来表扬，认为"联邦特工高度的忠诚和在乔治亚州戴德县全力以赴查找线索和公开审判，特工们的工作远远超出了协助、帮助和保护公民权力以及确保公平正义的程度"。

诚然，联邦调查局在司法权力方面有着自身的局限性。那个时期，私刑并不是一项联邦罪行，基于歧视的攻击以及大多数谋杀也不是联邦所管辖的范围（直到今天，仇视心理犯罪仍然不属于一个特定的联邦侵权）。各州都戒备地捍卫着自身的权力，地方当局只要联邦调查局介入到与种族犯罪相关的案子时就强烈抱怨。即便是调查局有了民事权力相关案件的司法权，那也并不能保证能够得到目击者的合作。特别是在南部内陆地区，白人至上主义的陪审团根本就不理睬联邦调查局特工和其他人提供的事实和证据，而让犯罪者公然逍遥法外。

有关联邦调查局的权力局限性的典型案例发生于 1955 年，基于梅森·迪克森线标准的司法状态盛行。当时有人报告说一位十几岁名叫艾美特·提尔的芝加哥黑人少年在密西西比州乡村商店对着一名白人妇女吹了口哨。随后，提尔被绑架，认定他吹口哨后随即遭到毒打，最后被歹徒用枪射穿了脑袋，并在尸体的脖子上吊着巨大的风扇扔进塔拉哈切河，手段残忍，令人发指。而罪魁祸首——那位白人妇女的丈夫和丈夫的兄弟以谋杀罪被捕，但是全部由白人构成的陪审团裁定他们无罪。联邦调查局被司法部禁止介入调查，尽管犯罪事实明确，但该案例没有触犯任何联邦法律。2004 年，当法律修改之后，调查局和密西西比州官员重新开审这个案子，然而由于主要的嫌疑人早已死去并且没有可信的证据，最终没有提起任何控告。

从 20 世纪 50 年代到 60 年代早期，由三 K 党人和其他有类似思想的种族主义者发动的反黑人行动随着人权运动的进步变得越来

焚烧"自由骑士"巴士

越极端暴力。1961年愤怒的白人暴徒不断攻击装载有前往南部帮助人们实现公共机构整合的"自由骑士"巴士。

第二年，当詹姆斯·梅雷迪斯成为密西西比州大学的首位黑人学生时，暴力和骚乱爆发了。1963年伯明翰警察督察"公牛"康纳——一位三K党成员放警犬扑咬和用消防水龙冲击和平示威的人们。接下来的一个月，一位黑人人权活动家梅加·爱佛斯在他驾车前往密西西比家的途中被枪杀。3月之后，在伯明翰浸信会堂第16大街上，4名黑人女孩被一枚威力巨大的炸弹炸死。联邦调查局调查了爱佛斯谋杀案以及伯明翰爆炸案，但是没有司法权力去管康纳的行为。

1964年一切因为"自由之夏"而迎来了转机，这是一项旨在登记黑人参与密西西比州的选举投票大规模运动。3名人权活动家——2名白人，1名黑人，全被三K党徒残酷杀害，当中还有当地执法部门的全力合作。联邦调查局很快便确定了其中一起案子"密西西比纵火杀人案"的嫌疑人，到12月上旬逮捕了21名嫌疑人。马丁·路德·金向新闻记者表示"我必须提到联邦调查局为了揭露这件无耻行为所做的大量工作，这使得我重新树立了对于民主的信心"。但他话说得有点早，因为在法庭里公正又是另外一番景象。很多犯罪的人都被释放或者被控犯轻微的罪行；（直到2005年，埃德加·雷·基伦，纵火案其中的一名主谋，被控谋杀罪。）但是出于对杀戮的怒火直接刺激了一个月后1964年人权法案和1965年夏选举权法案的通过。

特别是 1964 年的法律在很大程度上禁止种族隔离制度，包括在学校、公共场所、政府以及工作场所，同时首次使一些侵犯公民权的行为成为联邦管辖的犯罪，并使调查局领导联邦有权去打击这类犯罪。现在，保护公民权力是调查局的头等大事，运用其全部的调查手段和情报能力，调查局与联邦政府和地方当局（以过去数十年不敢想象的方式）紧密合作防止种族仇视犯罪，人口走私，警察暴力及其他类型剥夺美国人民自由权力的犯罪。

公民权力运动最终导致全国范围的种族主义情绪开始释放。但并不是所有 60 年代的反抗都是平静的，就像声名远播的黑人黑豹党宣扬暴力对抗，导致了在洛杉矶、底特律及其他许多城市发生长达十年的骚乱。1967 年头 9 个月，60 多个城市有 100 多人在骚乱中丧生。

同时，反对越南战争的气氛高涨，大部分反战行动都发生在校园，还有一些浸信会领袖参加，包括了马丁·路德·金。冲突联合许多有着共同目标的反体制团体，举行非暴力抗议以结束全国范围的斗争。新的反传统运动开始产生影响，经常是受到乡村音乐或者摇滚音乐和其他类型艺术形式的引导。那是一个高度理想主义的时代，很多美国人呼吁和平，自由，个人权力以及更加开放和宽容的社会。然而这个运动，有一个阴暗的软肋，即药物滥用，更激进的抗议活动（如 1968 年纽约哥伦比亚大学的学生接管学校），以及一些边缘集团的暴力袭击。仅 1970 年，估计美国各地共发生 3000 起炸弹爆炸事件和 50000 起炸弹爆炸威胁事件。

60 年代和 70 年代早期，像气候组织之类的左翼激进分子炸了很多政府建筑，其中包括美国国会大厦和五角大楼。1970 年 8 月 24 日，两名受到了威斯康星大学反战高涨情绪影响极深的学生使用土制炸弹和另外两人一道把斯特林大厅——陆军数学研究中心炸飞。1 名研究生被炸死，3 人受伤。调查局迅速找出了 3 名爆炸犯，第 4 人至今仍然在逃。

在此期间，联邦调查局正在破获犯罪和保卫国家安全方面发挥关键的作用。调查局高调领导调查肯尼迪总统，参议员罗伯特肯尼迪等国家领导人和马丁路德金暗杀案工作。它也调查了肯特州枪击事件及其他相关事件和袭击。

而这期间，国会或美国司法部没有为联邦调查局特工制定关于全国安全的具体指导方针（直到 1976 年前都没有确定指导方针）。因此，20 世纪 50 年代联邦调查局采用传统的调查和情报技术处理了来自激进左翼军事组织团体的恐怖主义威胁，因为它的共产国际的背景。20 世纪 60 年代处理了三 K 党。

一项于 1956 年由国家安全委员会批准的"反谍行动"，目的是要更好地处理国家面临的国内威胁，并防止这些组织及其成员的对于国家的攻击。但是，一些"反谍"措施对美国人民而言走得太远，1971 年当人们开始了解到宾夕法尼亚州的一个联邦调查局办公室里有绝密计划后，激进分子抢劫了这个办公室信息被披露给新闻界和国会。在某些情况下，联邦调查局特工渗透进入各社会团体，在其成员之间制造不和，企图诋毁他们的努力，即使在几乎没有或根本没有非法活动的证据的情况下也要进行反间谍调查。胡佛在 1971 年 4 月正式结束所有反谍行动。

虽然反间谍行动范围相当有限（在 15 年内大约占美国联邦调查局的调查工作量超过千分之二），但因为它剥夺了人们第一修正案的权力和其他原因而招致国会和国民谴责。其结果，正如您将在下一章看到，更加严格运用司法部长命令和国会立法来确定的方针对美国联邦调查局的调查进行控制和指导。但随之而来的新程序和新法规使得联邦调查局情报搜集遭遇更多的困难，最终认为造成了国家安全调查和刑事犯罪案件的障碍。

尽管反谍工作有失误，联邦调查局并没有像原来那样担心变成了秘密警察部队。主席团继续向国会和美国人民负责。但毫无疑问的是，它通过犯罪调查和情报工作，在动荡时期维护公民权利和国内的安宁，起到非常重要的但又被忽视的作用。

1972 年 5 月，随着在联邦调查局担任局长近半个世纪的埃德加·胡佛去世，宣告一个时代的结束。在其死后的几年里，人们往往提起他的缺点比优点多，但正是胡佛把联邦调查局变成了一个强有力的调查机构，帮助开拓了打击犯罪和恐怖主义的科学方法的应用，极大地推进了全美国执法专业水准。

在接下来的二十年，历任局长将侧重于调查局的现代化建设和改革，因为它面临的威胁越来多样化。联邦调查局将对历史上最令人震惊的，广为人知的一些案件进行调查。

1. 神秘的客机爆炸案：不择手段骗保的混蛋

当飞机高速坠毁或是在地面上空数千英尺发生爆炸，而证据只是些被炸成碎片的飞机残骸并分散在数公里的土地里，联邦调查局如何帮助找出它是否是犯罪行为，谁应为此负责？

简而言之：非常辛苦，通过广泛进行的调查和取证，与航空安全专家和其他伙伴密切合作。

一个很好的例子同时也是一个历史性事件，1955 年美国航空公司发生了重大刑事袭击案件。

11 月 1 日，美国联合航空公司 629 航班坠毁在一甜菜农场，大约距离其从丹佛起飞 35 英里处。所有 44 名乘客和机组人员，其中包括总统艾森豪威尔的助手的妻子和一个小男孩，当场死亡。

几天之内，联邦调查局特工人员找到了涉嫌人——23 岁的杰克·格雷厄姆，一个不安分的失业者以她母亲的名义为她母亲买了 4 份生命保险，在上飞机前在他母亲的手提箱装上炸弹，驾车带着她去机场，吻别了母亲。

下面是关于如何快速解决问题的简要记录。首先，美国联邦调查局灾难队，一个法医专家小组，前往现场，协助辨认尸体。使用公民指纹记录，研究人员确认了近一半的受害者。

与此同时，一个由美国联邦调查局实验室特工与民用航空公司专家一起，他们有条不紊地梳理了飞行路线沿线地区坠毁，拿起飞机残骸碎片查找线索和标记在一个精心制作的网格上标定发现它们的位置。然后，他们在丹佛的仓库一放置按比例缩小的网格和重新组合的零件机身。虽然飞机的外壳基本完好，这架飞机的右侧尾巴附近有一个锯齿状的洞。位置在货运 4 号舱。经仔细研究，该洞金属向外弯曲。它机身附近被烧毁和变色。而且，由于在飞机的该部位没有油气管道或者罐，结论是显而易见的：飞机内部曾有过剧烈的爆炸。

约 100 名特工被派往全国各地，以了解乘客和机组人员，以及他们所有的行李。他们很快排除了货物意外爆炸的可能性。

在一名乘客的行李中取得了一些线索。黛西·金夫人的手袋里装着一家报纸载文称她的儿子杰克·格雷厄姆，是伪造文书通缉犯。嗯，她的另一件行李里只有几张碎片留下来。不久，特工们揭开整个格雷厄姆的犯罪史，他与母亲关系失调，事前他还购买了炸药和母亲的生命险。当对质时，格雷厄姆供认不讳。但是后来他又翻供，但证据不容置疑。他在审讯中被定罪。

案件奠定了将来调查更加复杂的航空公司空难的坚定基石，包括调查由恐怖分子于 1988 年炸弹炸毁苏格兰上空的泛美航空公司的 103 航班的案件。

2. 古怪的犯罪双雄：狼狈为奸

大牌银行劫匪约翰·迪林格，"娃娃脸"尼尔森，"靓仔"弗洛伊德之流随着时间流逝，早已经灰飞烟灭，60 年代初期两个危险的，稍显另类的坏蛋出场了。但是在几年之内，他们会像流氓时代任何持枪抢劫犯一样被人通缉。

他们是艾伯特·努斯鲍姆和鲍比·威尔科克斯，在他们被捕之前，他们抢劫了八间银行，囤积大量的武器军火，杀害银行守卫，并在首都华盛顿安置了几个炸弹。

两犯性格特点对比鲜明。努斯鲍姆很安静，聪明，他是作案的思想家和规划师。他是一个犯罪的好学生，潜心学习着有关炸药，电子，刑事调查和枪支的书籍。他是一个多种经营的企业家，他用自己抢劫的不义之财设立多家公司。努斯鲍姆是犯罪双雄的"大脑"。另一个是头脑简单四肢发达的威尔科克斯专职干体力活。在抢劫中，维尔科克斯喜欢吼着发出命令并挥舞重型武器。

两人在美国俄亥俄州监狱监禁期间成为朋友，刑满释放后立即勾搭到一起。他们 1960 年 12 月抢劫了布法罗第一银行，威尔科克斯挥舞着巧妙地藏在他衣服里截短的猎枪，努斯鲍姆在枪管上钻一个洞并用鞋带把枪挂在维尔科克斯的肩上。

在 1961 年 6 月，他们犯了第一个大错误。努斯鲍姆制造了 4 枚自制炸弹，他计划利用四处爆炸来转移执法力量的注意，而两名劫匪则抢劫在华盛顿特区的银行，他们两个炸弹成功引爆，导致了警察的混乱。原本希望声东击西，结果却弄巧成拙。第 3 枚炸弹没有引爆，联邦调查局从炸弹上提取了努斯鲍姆的指纹。尽管如此，两人还是继续抢劫银行。

这是他们 1961 年 12 月的第五次抢劫使他们成为了放在调查局的"十大在逃犯"名单中逃犯。由于急需用钱，努斯鲍姆和威尔科克斯盯上了布鲁克林一家银行，但认识到，他们不得不干掉银行警卫，才能成功实施抢劫。他们的计划，其中包括新招募叫彼得·加里犯了可怕的失误。威尔科克斯用汤普森冲锋枪四次连射杀死了警卫，1 个逃离的客户通知警方。威尔科克斯与一位警官开始对射，警官受伤但大难不死。所有这三个罪犯跑了，但加里在两个月后被捕。他告诉特工他所掌握的努斯鲍姆和威尔科克斯的情况，并引导他们到布法罗乡下两人隐藏了大量的武器的地方。

这时，搜索加速。两名嫌疑犯再加上威尔科克斯的女友杰基·罗斯，都成为全国通缉的逃犯，并被迫躲藏起来。他们开始使用别名，身穿伪装。此后，在逃亡过程当中这 3 人又犯了 3 起抢劫案。

最后，两人吵了起来后分道扬镳。努斯鲍姆在绝望中联系了他分居已久的妻子。他妻子的母亲报告联邦调查局，努斯鲍姆的妻子不情愿地答应帮助追捕他。经过疯狂的汽车追逐，联邦特工于 1962 年 11 月 4 日逮捕努斯鲍姆。六天后，他们逮捕了和孩子一起生活的威尔科克斯和罗斯。

努斯鲍姆和威尔科克斯最终都表示认罪。 1964年2月，他们被判处终身监禁。美国联邦调查局的搜索，调动了其所属的所有外地办事处和世界各地的许多国家的力量，至此结束了。努斯鲍姆和维尔科克斯从牢友开始的犯罪行为，最终在监狱中结束了，但在监狱里两人最终成为了仇家。

3. 浸信会教堂爆炸案：三 K 党幽灵作祟

阿拉巴马州伯明翰，一个安静的周日上午，时间大约于1963年9月15日10时24分，炸弹在市中心街浸礼会教堂后面第十六次楼梯间发生爆炸。剧烈爆炸炸洞穿墙，炸死了墙另外一边四个非洲裔女孩，教堂里的人炸伤超过20个。

联邦调查局伯明翰办事处迅速展开调查，并立即向局长胡佛报告案情。联邦调查局的炸弹专家赶到现场，通过军用飞机，其他十几个办事处更多的人员被派往协助伯明翰破案。

晚上10时，那天晚上，联邦调查局助理署长阿尔·罗森向副检察长尼古拉斯·卡曾巴赫说："调查局认为，这是最令人发指的罪行……我们已经开始不受限制的调查。"

联邦调查局一言既出，驷马难追。联邦调查局特工多达36个人在一个地点工作，从9月、10月，一直干到来年。一个内部备忘录中指出：

"我们实际上已经沉重打击伯明翰的种族主义，并审问了数千人。我们严重破坏三 K 党活动，我们的舆论压力和采访……我们通过测谎仪器检查，录音检查，以及技术监督的广泛使用……使这些组织失去了成员的支持。"

到 1965 年，该局找到了重要犯罪嫌疑人，即罗伯特·钱布利斯，鲍比·弗兰克·切利，赫尔曼·弗兰克·凯西，小托马斯·E·布兰顿，所有都是三 K 党成员，但证人不愿说话，缺乏实物证据。另外，在那个时候，从调查局收集的信息没有被法庭受理。因此，在 60 年代没有任何联邦指控被立案，案件结案了。

外界一直声称调查局局长胡佛从上世纪 60 年妨碍向检察官提供起诉的证据，甚至试图阻止起诉。这与真实情况不符。胡佛局长一直关注防止泄漏司法证据，而不是扼杀正义。在一个涉及一司法部检察官要求信息的备忘录中，胡佛写道，"难道这些报告不是已经整理好交给司法部了吗？"在 1966 年，胡佛驳回了他的工作人员并将录音笔录提供给法官。

最后，正义得到伸张。阿拉巴马州总检察长罗伯特·巴克斯利主审中，钱布利斯 1977 年被判处终身监禁。但是恐惧，偏见和保持沉默使证人不敢站出来而最终撤诉。在 90 年代中期美国联邦调查局重新调查的情况下，布兰顿和切利于 2000 年 5 月被起诉。两人在审讯中被定罪，并被判处终身监禁。第四个人，赫尔曼·弗兰克·凯西，已于 1994 年去世。

4. 密西西比纵火杀人案：三K党引火终烧身

三K党怀着凶残想法来应对黑人人权运动的兴起。1964年6月，大规模的为期三个月的主动登记南方黑人的选举权"自由夏天"开始了，直接回应三K党对于黑人群众运动的恐惧和恐吓。在密西西比州，一个24岁的名叫迈克尔·斯威内的纽约人被三K党分子追杀。因为迈克尔·斯威内一直特别积极利用罢工和其他被歧视的人来为黑人选民选举登记造势。6月16日三K党成员的武装暴徒采取极端行动，突袭当地教堂聚会找他。斯威内当时不在场，他们就焚烧教堂，打伤去教堂集会的群众。三K党没找到斯威内，但6月20日他们设下陷阱。斯威内和两个志愿者同伴，安德鲁古德曼和詹姆斯·钱尼，南下调查火灾。第二天下午，他们采访了几位证人，就去见选民登记活动积极分子。随后发生的事件，震惊了全美国。

6月21日星期日，下午5时许，驾车前往密西西比州费城后，这3位人权活动家被内肖巴县副警长塞西尔·普赖斯逮捕，控告3人超速。

6月21日晚上约10：30：钱尼·古德曼和·斯威内被释放，开着他们的蓝色旅行车朝着梅里迪安市方向驶去。三K党分子按照原定计划，他们出门后就派人跟踪。随后，3 名人权运动积极分子人间蒸发了。这是一个明确的种族仇恨的行为：教会是一个重要的民事权力的聚会场所，却频繁遭受炸弹威胁。

6 月 22 日大清早：司法部注意到 3 名人权活动家消失了，于是要求联邦调查局介入调查，几小时后，大法官罗伯特·肯尼迪让调查局主导案件调查。早上，调查局就地毯式搜索该片区域，并开始紧张的审讯工作。

6 月 23 日下午：调查局特工根据掌握的情况来到了一个烧毁的客货两用车。但却没找到尸体；最糟糕的情况发生了。案子被特工们命名"密州纵火案"，作为密西西比州纵火杀人案的简称。

6 月 24 日到 8 月 3 日，特工开始了对这 3 名年轻人搜索，国民警卫队参与协助，搜遍了备用公路、沼泽、山洞。同时，调查局向知名的三 K 党成员施加压力并且发展揭露三 K 党的线人。根据林登·约翰逊的要求，调查局在密西西比州杰克逊市设立了新的办事处。特工们已经对于当地的三 K 党进行了广泛分析和他们在这起失踪案中所起的作用。

8 月 4 日，据线人报告，调查局在当地一家农场的土坝地下 14 英尺处发现了被埋的 3 具尸体。12 月 4 日，十几个嫌疑人，包括副警长普赖斯和他的上司，雷尼警长被控告和逮捕。

1967 年 10 月 20 日：在经过多年的法庭大战，18 名被告中 7 人被判有罪，包括副警长普赖斯，但没有人被控谋杀。其中一名共犯，埃德加·雷·基伦，因为其中一个陪审员不能够认定一个浸信会教牧师有罪，被无罪释放。

最后，三K党的杀人行为最终引火烧身。谋杀激怒了全美国，并且直接导致1964年7月2日人权法案的出炉。埃德加·雷·基伦最终于2005年6月21日，他犯罪的41周年时被判杀人罪。

5. 大惊世刺杀：疑云至今犹存

约翰·F·肯尼迪总统，罗伯特·F·肯尼迪议员，马丁·路德·金博士，短短5年之内一个个被独行刺客刺杀。究竟这些刺客背后是否藏着更大的阴谋家？疑问越积越多……

第一，谁是幕后凶手？1963年11月22日在迪里广场刺杀肯尼迪明处的凶手之外，幕后黑手到底是黑帮还是菲德尔·卡斯特罗，

枪击前的肯尼迪夫妇

克格勃还是林登·B·约翰逊，甚至联邦调查局还是中央情报局？在短短的几秒钟内，李·哈维·奥斯瓦尔德能否射出那么多的子弹？在绿色土墩上那可疑的烟雾和人影到底是怎么回事？枪击之后匆匆离

杀死肯尼迪的枪手奥斯瓦尔德

开的是车场边上那3个脸上刮得干干净净的"漫步者"吗？杰克·卢比枪杀奥斯瓦尔德是否要杀人灭口？

第二，1968年4月4日，真的是詹姆斯·厄尔·雷射杀了在孟菲斯汽车旅店阳台上的马丁·路德·金博士吗？毕竟，雷不是一个训练有素的狙击手。在金博士死后，各种各样的猜测从来也没有中断过。也许是孟菲斯酒吧服务员罗伊德·久沃斯参与了刺杀，雇佣杀手来射杀马丁·路德·金。或许是那个叫做"劳欧尔"或是"劳尔"的家伙（据说是一名住在纽约的退休汽车工人）是藏在幕后的黑手，而嫁祸于倒霉的雷。或者可能是意大利黑手党还是联邦调查局甚至是美国绿色贝雷帽特种部队下的狠手。

第三，1968年是谁谋杀了正在洛杉矶市外交大使酒店进行选举活动的罗伯特·肯尼迪议员？巴勒斯坦阿拉伯人希尔汗·希尔汗，在枪击发生后立即被警察在酒店厨房里逮捕。但他真的是单独行动吗？谁是那个穿着紧身上衣在案发前一个晚上与希尔汗碰面的神秘

马丁·路德·金博士

刺客詹姆斯·厄尔·雷

女人？洛杉矶警察局真的销毁了现场的一些弹道证据吗？目击证人是否被迫修改自己的证词？中情局在某种程度上是否卷入到刺杀罗伯特·肯尼迪的黑幕当中呢？

罗伯特·肯尼迪议员

希尔汗·希尔汗

联邦调查局方面的行动：当一个有重大影响的谋杀案件问题总是存在的，事实上很多犯罪案例从来也不是像小说或者电影里讲的那样完美的结案。但联邦调查局主导的罪案调查——由总局直接组织的调查非常彻底，仍未发现这些刺杀案背后有同谋。

约翰·F·肯尼迪案：经过 25000 次询问和数万次的调查取证，联邦调查局发现李·哈维·奥斯瓦尔德是单独行动的刺客。沃伦委员会，花了一年时间来仔细研究这个刺杀案，同意了调查局的结论。15 年后，国会选出的关于刺杀案的专门委员会质疑奥斯瓦尔德是否有外界支持和被人操纵，结果证明调查局主导的是"全面而又专业的调查"，并且很明显联邦调查局并没有卷入到刺杀当中去。

马丁·路德·金案：詹姆斯·厄尔·雷是一个非常有名的种族主义者，犯罪记录早已堆积如山。联邦调查局在犯罪现场附近的车子里发现了有雷的指纹的步枪。特工发现雷曾在阿拉巴马州购买了步枪并在孟菲斯市马丁·路德·金被刺杀的旅馆附近租了一间房子。谋杀案发生之后，雷立刻逃离美国；特工在伦敦追到了他。一开始他承认自己杀人，后来翻供。1979 年国会遴选的马丁·路德·金博士刺杀问题委员会得出的结论是：詹姆斯·雷是独自行动刺杀了金博士。

罗伯特·F·肯尼迪案：在希尔汗审判期间，他的律师对于他开枪射击肯尼迪一事进行辩论，并强调他精神失常。希尔汗 1969 年 4 月被判一级谋杀。1992 年洛杉矶市大陪审团驳回以发现新证据和警察掩盖证据为由重新审理的申请。

这 3 桩刺杀案，至少到目前为止已经结案。

神秘人 D·B·库珀：劫机犯凭空消失

根据现场人员回忆画出的库珀素描

1971 年 11 月 24 日下午，一个自称丹·库珀的不明男人到达俄勒冈州波特兰市西北航空公司东部航线柜台，他用现金购买了一张飞往西雅图的 305 航班的单程票，随后他登机并成为了联邦调查局历史上最大悬疑的劫机犯。

据后来调查的结论，库珀是个安静的人，刚开始出现的时候大约 40 多岁，穿着生意人的套装，打黑色领带，着白色衬衫。他要了一杯饮料波旁威士忌加苏打，在等待飞机起飞。大约下午 3 点，他交给空姐一张纸条说他在他的便携箱里放有炸弹，并要求空姐坐在他身边。

库珀让空姐看了一眼满是电路和红色棒子的旅行箱，并要求空姐写下他口述的话。吓呆了的空姐照做了。随后，空姐带着威胁字条交给机长，库珀要 4 个降落伞和 20 万美元，要求必须是 20 美元一张的。

当飞机在西雅图着陆后，劫机者库珀用机上 36 名乘客交换钱和降落伞。库珀留下一部分机组人员，飞机起飞之后，他命令飞机飞往墨西哥城。

晚上 8 点之后不久，在西雅图和雷诺市之间劫机者做出了令人震惊的举动：他打开降落伞背着勒索的钱跳出了飞机。飞机安全降落，库珀从此消失在暗夜当中，最终他的命运如何仍是不解之谜。

联邦调查局了解到这桩犯罪并开展了持续多年的全方位调查。代号为"西北航空劫机案"，特工们审讯了几百人，在全国范围内搜寻线索，并对飞机全面检查以查找证据。在调查劫案五周年之后，调查局对 800 多名嫌疑人逐一排查，大约 20 个人有嫌疑，其余都被排除掉。

只有一名名单上的人，理查德·弗洛伊德·麦考伊仍是很多人认为可能的嫌疑人。特工追踪并在库珀劫机案后 5 个月的一次相似的劫机和跳伞逃跑案中逮捕了麦考伊。因为其他一些原因以及他的体格特征与机上在场人员描述的库珀相差很大，麦考伊被排除嫌疑。

很大的可能性就是库珀跳伞之后可能就没有活下来，毕竟他所用的伞具是不可操纵的，而且他的衣服和鞋子都不适合用于硬着陆，同时他在夜间摔进了森林深处，那是一个甚至对老到的专业人士也是危险的地点，而库珀很明显地属于不专业的类型。这个理论在 1980 年盛极一时，当时有一个小孩发现一包装满与库珀抢劫案序列号一样的 20 美元的包裹（总数 5800 美元）。

那么，这个神秘的库珀到底从何而来？又为什么消失得无影无踪了呢？显然是媒体制造的神秘气氛。特工们曾经审讯一名名字大写为 D·B·库珀的人，但他与劫机案毫无关联。

这个大胆的劫机者及其消失的事件至今仍不断引发人们的好奇心，这对专业执法者和业余侦探都一样。2007 年，这个案子重启这需感谢西雅图特工以及新的诸如基因检测之类的技术，他们提审了至少一名嫌疑人。特工提供一系列照片和信息给公众，希望能够激发在场人的记忆或者提供新的线索。追寻这么多年，联邦调查局仍非常期待逮捕这个自称库珀的狂妄之徒。

6. 在约瑟夫的烧烤聚会上对付黑手党

1957 年 11 月中旬，一个软饮料装瓶商约瑟夫·巴巴拉在位于纽约州冰汉姆市西部的阿巴拉钦镇的乡下住宅招待聚到一起的一群人。他将这种聚会叫做软饮料例会，聚会起初进展顺利，但……

纽约州警官埃德加·克罗斯维尔高度关注这次聚会。因为他在这个房子里看到了犯罪嫌疑分子。当巴巴拉家烟囱向外冒烟的时候，克罗斯维尔和特鲁珀·文森特·瓦西斯科开始登记停在路边的豪华车的车牌号码。

很快巴巴拉的客人就注意到了……随后产生了恐慌……有的人逃到树林子里去了；还有一些径直冲向自己的车子。克罗斯维尔警官请求封锁道路，很快就逮住了62名巴巴拉的客人并要求协助检查身份。其中有约瑟夫·伯纳那诺，鲁赛尔·布法力诺，卡罗·干比诺，维托·杰诺维斯，安东尼奥·马嘎蒂诺，约瑟夫·普罗菲斯，约翰·斯卡里希以及桑托斯·蔡费坎特，他们是名副其实的"黑手党"或者叫做"咱们道上的"的大哥大。

克罗斯维尔的重点侦讯工作震惊了全国。联邦调查局，在自己的职责范围内，检查了被局里登记在册的人员名单。结果发现了53个黑社会成员；40人有犯罪记录。克罗斯维尔的发现导致联邦调查局开始抓紧对这些人的调查（不是开始，因为有些人早就被调查了），并且逮捕那些触犯了联邦法律的家伙。因为事件发生在阿巴拉钦镇，联邦特工意识到当地犯罪头目肯定是同谋并调整了调查方向。

最初的调查开始于4年以前，纽约分局面对不断增加的黑手党活动，要求公开纽约30个顶级黑社会的情况，要求取得他们活动的照片并关注他们触犯联邦法律的情况。1953年8月25日，联邦调查局开始在全国范围内的"顶级黑社会调查"，要求所有地方分局收集有关黑社会在他们地盘上的情况，并定期向华盛顿报告并建立有关讹诈勒索情报的统一数据库。

我们应该清楚：在这个时候，多数的勒索行动包括赌博和大耳隆高利贷者，都不属于联邦司法管理范畴。但是，联邦调查局必须建立一个情况数据库，以更好地掌握讹诈勒索的威胁，并对他们触犯联邦法律行为做好准备。

约瑟夫·瓦拉奇在参议员听证会上作证

约瑟夫在阿巴拉钦镇的房子

随着阿巴拉钦镇意外的曝光，这个调查最终掌握了非常有价值的关于有组织犯罪证据的情报。1963 年，部分归功于联邦调查局，第一个反水的黑手党——约瑟夫·瓦拉奇在参议员听证会上公开倒出了黑手党内幕，点名曝光了大量有组织犯罪的历史，活动以及各种仪式。

但是调查局仍旧需要司法工具通过这些小的罪行将之与黑手党

老大们的活动联系起来。国会强烈支持，以非法赌博冻结了黑手党的金融网络，并通过 1968 年公共汽车犯罪管制法案及 1970 年反勒索和反腐败法。所有这些都使联邦调查局有效防止黑手党负隅顽抗，为今后反黑取得成功搭好了成功的基础。

恶魔岛越狱事件

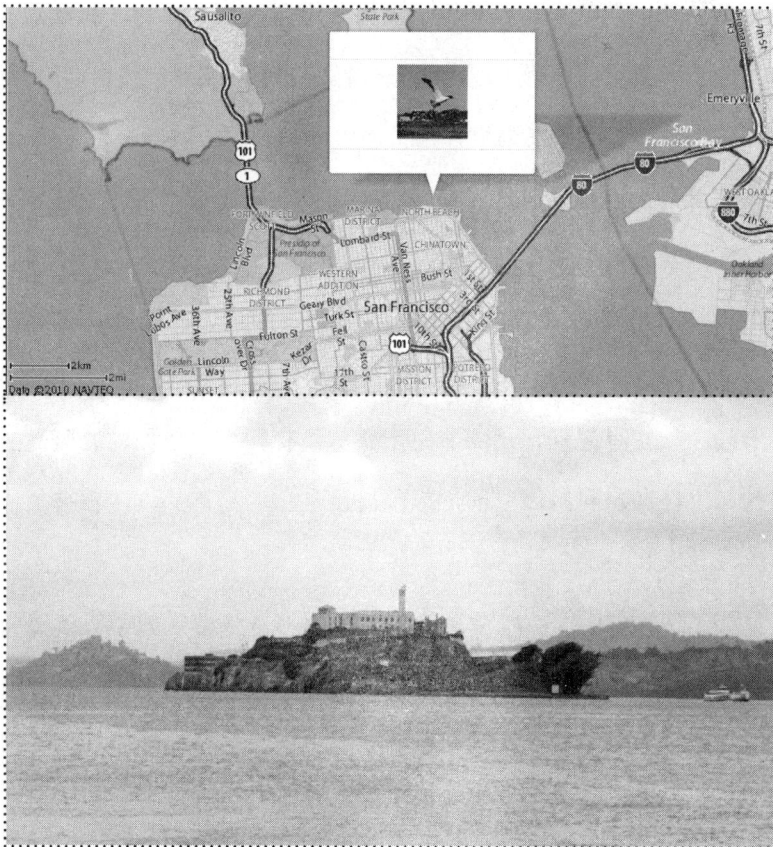

（地图中海鸥标志点即为恶魔岛所在地）

恶魔岛是位于美国加州旧金山湾内的一座小岛，面积 0.0763 平方公里，四面峭壁深水，与外界交通只能靠渡船，因而被美国政府选为监狱建地，曾设有恶魔岛联邦监狱，关押过不少知名的重刑犯，于 1963 年废止，现与金门大桥同为旧金山湾的著名观光景点。

"Alcatraz"是西班牙语的"鹈鹕"之意，因为最初此岛为鹈鹕的栖地，聚集大量鹈鹕，于是得名。常用的中译"恶魔岛"则是由《山姆大叔的恶魔岛》一书而来，音译为"阿卡翠斯岛"、"阿卡特兹岛"、"艾卡崔兹岛"、"阿尔卡特拉斯岛"等。恶魔岛亦多次成为好莱坞的电影主题，近年来最知名的为 1990 年代初期的"绝地任务"或"勇闯夺命岛"，由肖恩康纳利、尼古拉斯卡奇主演。

恶魔岛监狱全盛时期，曾是全美国安全措施最严密的监狱。关在这样固若金汤的监牢，犯人几乎插翅难逃，但仍然有人从中成功越狱。1934 年，在全国与罪犯和匪帮斗争的顶点，恶魔岛被加固为全世界最为坚固的监牢。它里面的囚徒包括了全民公敌"刀疤脸"吕卡彭，一些有越狱记录的罪犯，偶尔还有行为古怪如"恶魔岛的鸟人（生活在自我封闭空间，想象自己是鸟的精神病人，曾被拍成电影《鸟人》）"

20 世纪 30 年代，恶魔岛监狱已经成为了禁地，周围被冰冷刺骨的太平洋海水环绕。重新整修之后加装了更结实的铁栅栏，一系列精心布置的瞭望塔，实施严格的管理纪律，包括一天十几遍对囚犯进行全身检查。囚犯在这里似乎插翅难逃。尽管机会渺茫，但从 1934 年到 1963 年监狱正式关闭，仍有 36 人策划了 14 次越狱行动。

然而，几乎所有越狱者都被逮回来或者死于越狱行动。

但是有关于 3 个特殊同监室的犯人的越狱事件，至今仍然成谜。

1962 年 6 月 12 日，清早检查床位发现有 3 名犯人失踪了：约翰·安格林和他的兄弟克拉棱斯，以及弗兰克·莫里斯。他们在床上用石膏做了头的模型，画上了人体颜色，戴上真人假发以此欺骗夜间巡查的狱警。于是警方立即开始了对这 3 个人的搜捕。

监狱立即请求联邦调查局的帮助。调查局向全国各个分局提供这 3 个人的记录的线索。询问相关人员，并要求旧金山湾的小艇驾驶员搜寻海上残骸。两天内，查到一封用橡胶封口的信件，相关的人也被找到。紧接着，调查发现了木桨，还有装橡胶泥的管子。有人发现一个被冲到克隆海特滩的自制救生衣。

联邦调查局，海岸警备队，监狱局等单位发现了更多有关这次精明的越狱行动的证据，是由第 4 名没有逃出自己单间的策划者供出了前面 3 人的相关信息。

调查员从他哪里知道另外 3 名越狱分子的确是精心策划了他们的逃跑行动。他们用最为原始的工具，由废旧真空吸尘器马达改装的电钻，来松开他们身后的通风口螺丝。打穿了之后，他们转移到一个没有警卫的走廊，在大楼里面爬上他们监室上方，在那儿秘密建起一间工作室。在那里他们用偷来和赠与的东西准备好逃跑的全套设备，包括简易救生装置和用 50 多件偷来的橡胶雨衣制成的 6×14 英尺的橡皮筏子。

6 月 11 日晚上，阿格林兄弟和莫里斯进入到无人警戒的走廊，经通风筒爬出，爬上监狱屋顶，在屋顶将家伙事备齐。他们爬下监牢后部面包房的烟囱，越过篱笆墙，逃向岛东北面的海边，在那儿上了橡皮艇。

后来到底发生了什么事情，现在仍旧是个谜。他们真的越过了海湾，到达天使岛了吗？或者他们如计划的那样越过拉孔海峡到了马林县？或者海上的强风和海浪把他们埋葬了？结果不得而知。

1979 年 12 月 31 日，联办调查局正式结案，将追查工作移交给司法执行处，他们专门负责调查假如 3 人可能还活着的情况。

腐败与犯罪猖獗的年代

1972—1988 年

某个周六清早，水门大厦的夜间警卫例行巡逻，他从被别人打开的救生通道门走过。很快他就产生了疑问。时间是 1972 年 6 月 17 日，他揭开了美国历史上最大的丑闻——水门事件。

5 人被警察局以试图强行进入设在水门大厦的民主党全国委员会总部逮捕。警察还发现了假的身份证，窃听装置，以及在街道对面的监视设备。丑闻事件影响像滚雪球般迅速扩大。总统理查德·尼克松参加第二次竞选活动中使用不正当竞争手段被曝光，而行政机构试图撒谎和掩盖这些犯罪事实。两年之后，尼克松在尚未遭到弹劾之前主动辞职。

这时警察局开始意识到水门事件被曝光不是一件普通的丑闻，联邦调查局介入了调查工作。但是这个事件发生的时机非常之不好。因为 5 个星期前，埃德加·胡佛这位联邦调查局的老局长刚刚在自己的床上安然长逝。多年来积累的对于联邦调查局和胡佛本人的责难声一时甚嚣尘上。有不满胡佛年迈的，有政治上不满调查局的战术和技术手段的，在整个六七十年代里充满了各种骚乱和暴力。

联邦调查局卷入了美国历史上最为敏感的政治问题的调查工作。

在水门丑闻调查期间，调查局面对了白宫方面的政治压力以及来自调查局内部的压力。代理局长帕特里克·葛雷因为过于顺从白宫，于1973年4月27日被迫辞职。一名调查局高级官员自始至终向媒体泄露调查信息，外界称之为"深喉"的，2005年最终揭开谜团，"深喉"是时任联邦调查局副局长的马克·菲尔特。

联邦调查局继续孜孜以求地调查犯罪，并追踪隐藏的线索，与司法部长创立的特别检察官办公室、负责总统选举的议员代表委员会紧密合作。几乎每个分局都介入了水门事件调查。特工人员准备了无数的报告并由检察官进行了2600多次询问。联邦调查局实验室和鉴定中心将他们的设施借给调查人员。最终，调查局为揭开水门事件背后的传奇故事做出了非常重要的贡献。

在水门事件中，调查局有了新局长。克拉伦斯·凯利，前联邦调查局探员，密苏里州堪萨斯市警察局局长，1973年7月9日受命掌管调查局。凯利面临带领整个调查局迈向后胡佛时代的艰巨任务。他做了一件恢复公众对调查局信心的事情，坦白承认过去所犯的错误，并开创具有深远影响和必须的改革。

针对外界对于调查局反间谍调查行动的谴责，他重新调整了联邦调查局情报工作。1973年2月，国内调查处负责对国内恐怖分子和颠覆分子的调查，必须严格依据指导方针工作，并限制现实的暴力犯罪行为。情报分部负责对外国反谍工作，并改名为国家安全处。

凯利局长最为重要的管理改革是将调查局的工作传统从重数量转变为注重质量。指导各个地方分局根据本地区最主要威胁来确定工作的轻重缓急，并倾全力在这些案子上。

那么究竟什么才是最大的威胁呢？在 20 世纪 70 年代，国内恐怖分子和外国破坏分子依旧是关键所在，发端于 60 年代开始国内的激进活动到 70 年代仍未消停，而冷战的气氛逐渐升级。联邦调查局掌握了国内恐怖主义集团诸如共生解放武装，他们希望以武装革命推翻美国政府，并绑架女报业继承人帕蒂·赫尔斯特来帮助他们实现理想，此外，还有地下风暴组织，他们用炸弹袭击从警察局到五角大楼的所有政府机构。间谍案仍旧很多，"猎隼和雪人"调查发现了两名来自于富裕家庭的前神父侍童向苏联出卖美国的机密情报……"柠檬协作行动"，联邦特工使用一名双料间谍，揭露了一名苏联外交官实际上是克格勃间谍的事实。

调查局还增加对全国影响巨大的犯罪和腐败的关注。凯利是全美第一位关注有组织犯罪和白领犯罪的官员。调查局在这些方面取得了巨大成绩。有组织犯罪在美国不是什么新鲜事物。意大利引进的"咱们道上的"，直译就是"我们的事业"，自 1890 年就引起全美国的注意，当时新奥尔良州警察局局长被意大利西西里移民谋杀。20 世纪 30 年代，绰号"幸运儿"的查尔斯·卢西亚诺建立了"咱们道上的"这一黑手党组织，创立了家族结构（由"老大"或"老板"为首建立了管理机构（"黑手党委员会"），如同做生意一样操纵犯罪活动。

五六十年代，有组织犯罪渗透到各个主要城市，国家全面受到冲击而变得不稳定。暴徒们让美国染上诸如赌博、吸毒等恶习；控制传统的工会组织和建筑业和垃圾运输业等合法工业；勒索、渎职胁迫来腐蚀的政府机构；制造失业和偷税漏税导致国家损失数十亿美元。

尽管他们的权力受到限制，但调查局仍然自 1930 年开始就和黑手党较上劲了。使用调查和情报工作来捣毁黑帮组织。在纽约州阿巴拉钦镇对黑帮的大扫荡后，联邦调查局开始高调介入黑手党调查。1970 年前，联邦调查局取得了新的扫黑的权力，包括法院授权的在线窃听，司法监督黑社会渗透的生意，以及可疑监控整个犯罪家族及其领导而不是去跟踪小鱼小虾和单打独斗的马仔。

1970 年代中期，联邦调查局开始提出一些新的对付黑帮的策略。调查局开始招募黑帮高级成员作为秘密线人，破解黑帮的帮规，或者称之为黑帮"拒绝作证"行为准则这种长久以来被用来保护黑手党高级成员的手段。于是调查局开始了长期的卧底行动，由新的指导方针和政策来掌握，渗透到有组织犯罪集团内部。勇敢的卧底特工有乔·皮斯通，他在长达 6 年的收集东尼·布拉斯科犯罪情报过程中几乎已经成为黑手党成员（卧底成功的还有另一位机智的伪装成生意人的路·彼得斯，他的卡迪拉克经销商身份帮助他与加利福尼亚州的伯纳诺犯罪家族保持长期联系）。"无间道"上的英雄们为联邦调查局调查和情报工作注入了新的活力。

通过新的策略和措施，调查局取得了打击，有组织犯罪前所未有的成功。1975年开始，代号"工会勒索"行动破获了由黑手党全面控制的船运业，100多人被判有罪。1978年开始的分为两部分的行动，联邦调查局摧毁了克利夫兰、密尔沃基、芝加哥、堪萨斯城和拉斯维加斯的有组织犯罪领导机构，通过揭露了黑手党腐蚀拉斯维加斯和卡车司机联盟的情况。20世纪80年代，影响甚大的"委员会"案使纽约5大黑手党家族的头头认罪，他们是班纳诺、阔隆博、干比诺、吉诺维斯、鲁切斯。

80年代"比萨家族"案子是另外一场打击有组织犯罪的重大胜利。联邦调查局牵头纽约和新泽西警方、联邦和州检察官以及意大利执法官员开展联合调查，捣毁一个由西西里黑手党控制的国际海洛因贩卖集团。这个案子不仅证明了卧底特工、电话监听、企业调查的价值，还提高了国际执法机构合作的重要性。

1981年到1987年间，根据联邦调查局及其合作机构调查，使1000多名黑手党成员及相关人员被判有罪。彻底摧毁了纽约、波士顿、克利夫兰、丹佛、堪萨斯城、密尔沃基、圣路易斯以及新泽西等地犯罪家族的组织结构。调查局也沉重地打击了其他有组织犯罪活动集团，捣毁了摩托车黑帮地狱天使以及企图在美国本土扎根的亚洲犯罪企业。

这一时期，联邦调查局开始更系统和广泛地关注白领犯罪问题。1939年美国社会学家埃德温·萨特兰首先提出了"白领犯罪"这个术语。10年之后，他把"白领犯罪"定义为"体面和具有上流社会地位的人利用自己职位权力进行犯罪的行为"。

从查尔斯·潘奇（他从1919年开始伪造投资计划书并复制上千份来诈骗投资人）起，以后白领犯罪成为全美国的重大威胁。随着时间流逝，越来越多美国人将他们在工厂和农场的工作职位变成了美国公司的席位；21世纪初，大约60%的美国工人从事白领工作，而20世纪初白领员工大约只占17%。今天的白领犯罪涵盖反垄断法、银行诈骗、盗用公款、环境犯罪、内部股票交易、医疗费用诈骗、财产和抵押物中的公共贪污。这些犯罪从美国人民的口袋偷走亿万美金，削弱消费信心并打击合法生意导致美国经济受损，从而威胁到美国式民主的健康活力。

白领犯罪当中，美国政府官员的贪污腐败最为隐蔽。水门事件使得全国都瞩目这桩严重的政府犯罪，调查局必须领导对这个问题的调查，给所有美国民众一个合理的交代。他们采取了许多针对有组织犯罪的措施，包括大规模卧底行动，调查局揭开了政府贪污腐败的老底。

一项最为重要的卧底行动代号为"阿布达尔诡计"行动，80年代曾使6名任期中的国会议员和其他官员认罪。80年代中期的"灰色主教"行动，让92名行为不端的法官、律师、警察、法庭官员上了审判席。1979年在洛杉矶市开展的"行贿／详情"调查解开了黑手党贿赂政府官员以获得有利可图的合同，最为著名的案子叫做"三股风"，1988年调查达到顶点，揭露了国防采购的腐败黑幕。

"灰色主教"行动是法庭首例采用的卧底反贪腐案例

1980 年代其他白领犯罪开始呈现出爆发式增长。80 年代，美国由于信贷机构的失败面临金融危机，联邦调查局发现了许多白领欺诈犯罪。随后数年，医疗保险、电话销售、保险、股市成为了主要犯罪。

在此期间，联邦调查局改进了技术手段并增加了新的使命。

1978 年，威廉·韦伯斯特法官成为了调查局局长。这时，联邦调查局就开始使用激光技术来探测几乎看不到或者"潜在的"现场指纹。在新的现代联邦调查局研究院，行为科学组首创犯罪特征描绘——应用心理行为学分析暴力犯罪。1984 年，国家暴力犯罪分析中心建立，向各州和地方警察局提供鉴别嫌疑人以及预测犯罪行为的服务。

1982 年，联邦调查局与麻药管理局共同管辖联邦反麻药滥用，两者间在打击日益增长的美国毒品问题上建立起更强的联系和分工。同年，全世界发生了一系列恐怖主义爆炸活动，联邦调查局长韦伯斯特将反恐列为国家面临的第四位威胁。调查局准备充分：早就与其他国家和部门建立了合作关系和技术准备来应对国际国内恐怖袭击。美国第一个联合反恐特种部队，1980 年在纽约警察局成立，主要用于在纽约市打击恐怖主义行动。1983 年，调查局建立了一支特别训练的人质救援组，专门采用谈判和战术手段在恐怖分子袭击挟持人质时拯救人质。

韦伯斯特局长向媒体表示将会改变阻碍联邦调查局进行国家安全调查的条规。1983 年，司法部长威廉·傅任奇·史密斯修改了情报调查的指导方针；第二年，国会授权调查局可以在海外追捕袭击美国人的恐怖分子。为快速逮捕法瓦兹·尤尼斯扫清了司法障碍，1987 年他成为第一个在海外被捕并送回美国受审的国家恐怖分子。根据 1978 年通过的国外情报监视法案，法案确保审判中的机密信息不外泄，从而在 80 年代中期根据审判信息挖出了深藏在美国政府内部的"鼹鼠"并加以逮捕，媒体将 1985 年成为"间谍之年"。

联邦调查局实验室继续在技术领域取得突破。研究从犯罪现场搜集证据中提取基因匹配比对技术，调查局的科学家创立了新的司法鉴证领域，帮助抓捕真凶，释放无辜者。1988 年，调查局实验室成为全国首个基因犯罪调查分析机构，并在 3 年之后，建立了全美第一个基因数据库。

1987 年夏，局长韦伯斯特离开调查局，他被委任为中情局局长。韦伯斯特走后，另外一名联邦法官威廉·塞欣斯接任，随着冷战结束，他带领调查局将工作的重点转换到应对多极化、全球化挑战当中来。

1. 帕蒂·赫尔斯特绑架案

1974 年 2 月 4 日晚 9 点左右，加州伯克利市本福纽街 2603 号的 4 号公寓的人被一阵急促的敲门声闹醒。突然，一群带着枪的男女冲进屋子里。他们逮住一个名叫帕蒂·赫尔斯特的家伙，将她的未婚夫痛扁一顿，之后将帕蒂塞进他们汽车的后备箱并逃之夭夭。

这是一桩联邦调查局历史上最奇怪的案子的开端。

赫尔斯特，后来被发现是被一群自称为共生解放武装（SLA）的武装极端分子所绑架。他们受顽固的犯罪分子唐纳德·德弗里兹领导，共生解放武装他们别的什么要求都没有，只希望通过游击队武装反对美国政府并推翻"资本主义国家"。他们有男有女，有黑人有白人，集合了各种无政府主义和极端分子在其中。

简言之，他们是美国土生土长的恐怖分子，也是极度危险的恐怖分子。他们用氰化物弹头射击两位奥克兰学校官员，一死一伤。

他们为什么要抓赫尔斯特呢？是为了引起全国的注意。因为赫尔斯特来自于一个富裕而有权势的家庭；他祖父是报业大亨威廉·兰道夫·赫尔斯特。共生解放武装的劫持人质计划周密而巧妙：绑架案震惊全国并登上了所有美国报纸的头条。

但是共生主义解放组织还有更多计划实施在帕蒂·赫尔斯特身

上。在帕蒂消失以后，共生解放武装开始放出要求 100 万美元的食物捐助以释放她。同时他们开始虐待并对他们的俘虏进行洗脑，企图让这名年轻女子从上流社会成为他们即将来临的革命的典型模范青年。

1974 年帕蒂参与抢劫并为同伙提供支援

他们的努力好像真的起了作用。4 月 3 日，共生解放武装播放了一段赫尔斯特的录音，她说自己已加入了他们的组织，为被压迫者的自由而进行战斗，并取了一个新的名字。10 多天后，有人在银行监控中发现她携带武器和解放组织的劫匪一起，对旁观者吼叫并为劫匪提供掩护。

同时，联邦调查局开始最大规模的，集中探员搜索赫尔斯特并阻止共生主义解放武装。在其他人员协作之下，调查局查到数千条线索。但是在共生解放武装恐吓之下让潜在的告密者噤若寒蝉。武装分子在行动中恰如其分地运用安全手段，依靠有组织的网络提供的安全屋，这个组织很难被外界渗透。

随后，转机出现在洛杉矶市。5月16日，两名共生解放武装成员试图从一家当地仓库偷窃子弹带差点被人抓到。从现场逃离使用的车辆被发现，当局很快就找到了他们的安全屋。第二天，洛杉矶警察包围了该安全屋。双方发生激烈枪战。房子最后燃起熊熊火焰。6名解放武装成员被大火烧死，包括德弗里茨。

但是赫尔斯特去哪儿了呢？她与其他一些人逃了，并且在全国范围内逃窜以躲避追捕。联邦特工，紧随追踪他们。直到1975年9月18日，赫尔斯特在旧金山被捕，被控以抢劫银行和其他罪名。

对她的审判非常敏感。陪审团不管她自称被人洗脑，认定她有罪，被判入狱7年。她服刑2年后，总统卡特同意重审她，随后她获得赦免。

那么其他武装分子呢？调查局逮捕了其他所有的成员。最后的两名武装分子于1999年和2002年被捕。此案终结。

2. 地下风暴组织：理想主义激发暴力行为

歌星鲍勃·迪兰："你不需要气象员来告诉你风往哪边刮"。

1975年2月29日，一声爆炸震动了华盛顿特区的美国国务院总部大楼。没有人受伤，但是其损害却非常大，爆炸破坏3层楼内共 20 间办公室。几小时后，位于加利福尼亚州奥克兰征兵中心发现一枚炸弹，拆弹人员进行了安全处理。

国内恐怖集团地下风暴组织声称对两起爆炸案负责。他们最初叫做气象员组织，以歌手鲍勃·迪兰的一首歌的歌词取名。地下风暴是学生民主社会组织（简称学民社）之下的一个很小的暴力分支。学民社是在动荡的 60 年代建立的一个要求社会变革的社团。

当 1969 年学民社解散时，地下风暴登上了前台，为其理想激励，认为暴力与犯罪是反对越南战争、种族主义等，实现其左翼思想的最佳途径。在 1974 年发表的《草原烈火》宣言中他们宣称"我们的目标就是破坏帝国主义……使其失去侵略能力，向现行体制施加压力"。

1970 年，该组织宣称对 25 起爆炸案负责，包括了对美国国会山、五角大楼、加利福尼亚州司法部长办公室、纽约警察局爆炸案等等的爆炸。

随着恐怖活动不断升级，调查局也在孜孜不倦地追捕恐怖分子。识别了很多恐怖组织的成员，但是他们采取了小规模行动和游击队战术帮助他们利用假身份逃脱。1978 年，调查局逮捕了 5 名正在阴谋实施爆炸警察局办公室的恐怖分子。其他成员 1981 年驾着旧装甲车在纽约州纳纽艾市抢劫时，打死 2 名警察和 1 名布林克斯市司机后被抓捕。

能够顺利抓捕到这群恐怖分子的关键在于新建立的联邦调查局纽约警察局联合反恐特种部队，这个部队集中了两个机构的力量。

这个特种部队以及其他类似为现在的联合反恐特种部队。现在调查局每个地方分局都融合了联邦、州、当地执法以及情报资源来应对恐怖袭击的威胁。

1990 年代早期，地下风暴组织成为了历史。尽管还有几个通缉犯成功逃脱追捕数十年，直到最近几年才现身坦白他们的罪行。

3. 邪教遗祸：琼斯镇惨案——人民圣殿教的集体自杀案

加利福尼亚州国会议员里奥·瑞恩备受关注。因为有人说他在"琼斯镇"惹上了麻烦。他惹了由自称具有神赐能力的吉姆·琼斯在圭亚那丛林中临时搭建的定居点"琼斯镇"的信徒和琼斯所倡导的祈祷仪式"人民圣殿教"。

里奥·瑞恩的申明非常严肃：琼斯镇更像一个奴隶营而不是宗教中心。经常有打骂、强迫劳动、监禁，以及药物控制行为、可疑死亡，甚至还进行了集体自杀预演。

1978 年秋，瑞恩决定去圭亚那查明到底 900 多名琼斯镇信徒到底发生了什么事情，因为很多成员来自于旧金山地区。

1978 年 11 月 14 日，瑞恩和国会代表们飞往圭亚那。几天之后，他们和其他政府部门官员和一群记者到达琼斯镇。在那里，瑞恩和琼斯会面并与其众多追随者进行了谈话。毫不奇怪，有很多人和家庭要求跟着瑞恩离开人民圣殿教，瑞恩答应带走所有愿意离开的人。其他的人显然都自行离开。琼斯非常恼火。

害怕琼斯会报复那些剩下的信徒，瑞恩想让所有的人一起飞离圭亚那，但那需要第二架客机，导致延后离开圭亚那。18日下午，当瑞恩将人们集中到当地一条飞行跑道准备乘飞机离开时，从琼斯镇来了满满一卡车武装分子。他们对着其中一架客机开火。在另一架飞机上名叫拉里·雷顿的邪教信徒拿出枪来对着乘客射击。混战当中，瑞恩和其他几人被杀，很多人都受伤了。

同时，在这个混乱的背后，琼斯正在策划一个出乎意料的计划。他召唤他的追随者命令他们吞下明显是混合了氰化物的果汁饮料。他解释说袭击客机已经对琼斯镇的居民产生了伤害。少数人反对，结果超过900名信徒，包括200名儿童，服毒自尽，尸横遍地。琼斯也吞枪自杀了，脑袋上被子弹穿了个洞。

基于6年前国会通过的反暗杀法，联邦调查局与其他机构协作开展了广泛调查。调查局与圭亚那当局合作，特工们询问了大屠杀的幸存者，而救灾分队的其他法证和指纹专家则主要帮助确定受害者和琼斯的身份。回国之后，特工们开始全国搜索，并与美国人民圣殿教信徒谈话以求了解信徒深层的心理状态。

最后，为解开整个事件链条并给所有悲痛的家庭带来一个终结，调查局提起了对在客机上开枪的拉里·雷顿的起诉。他被引渡到美国并宣判终身监禁，他是唯一在美国被审判的参与人民圣殿教琼斯镇大屠杀案的人。

4. 反贪腐卧底行动"阿布达尔计谋"的经验教训

1980 年 2 月 2 日，全世界都知道了联邦调查局针对政府腐败和有组织犯罪的最高级别调查，代号"阿布达尔计谋"。现在看来，手法很像前一阵引诱两个中国人前往西欧交易敏感军事设备，结果逮捕了这两个人的钓鱼手法。

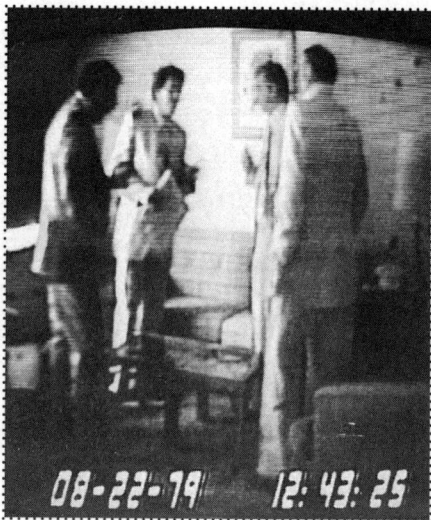

现场抓获手里拿着 5 万美元信封的国会议员

　　然而事实的真相经过美国媒体夸张的报道后，故事情节往往非常令人着迷：从纽约市黑社会典当的名画以及伪造的证券到政治掮客在国会山的影响力。高级政府官员被捕时口袋里塞满受贿得来的一扎扎的钱，口里还说："我就是有侵吞共用财产的瘾"。一名联邦调查局探员扮成虚构的中东酋长阿布达尔的代表，收集到这个庞大的犯罪集团联盟的犯罪证据。

　　所有这些诱捕行动开始于 1978 年 7 月。当时联邦调查局准备抓捕纽约专门偷窃名画的黑社会。卧底特工在长岛建立了一个虚构的公司——阿布达尔有限公司，这就是后来行动取名"阿布达尔计谋"的来由。这家公司据说是由一位非常富有的阿拉伯酋长所有，他很想将他手里的石油美元投资到昂贵艺术品市场。然后，特工们招募线人，与这些愿意出卖偷窃来的名画的坏蛋们取得联系。最后鱼儿上钩了。几个月内，联邦调查局发现了两幅价值合计100万美元的被盗名画。

通过这次行动，特工打入了伪造证券和债券的犯罪分子内部。卧底工作在犯罪分子卖出了大约6亿美元的伪造证券时终止。

此后，调查目标指向新泽西州南部试图通过贿赂获得大西洋城赌博牌照的政客们。当卧底人员透露出酋长希望留在美国的愿望后，这些腐败分子如同逐臭之蝇，立即安排特工与华盛顿能够通过私下立法搞定这件事的国会议员会面。一口价10万美元，预付5万元，事成之后另付5万元。

尘埃落定之后，一名参议员，6名国会议员，以及其他十多名犯罪分子和腐败官员被捕并被判有罪。

正如其他具有重大影响和敏感的调查一样，阿布达尔诡计引起了强烈反弹。特别是有民众提出来联邦调查局此举有"钓鱼"的嫌疑。而法庭却不管这些，认定了对这些人进行的有罪指控。最终，这个案子重申了卧底行动的重要价值，联邦调查局内部制订了更加严格的规定和安全措施。

多年以后，"阿布达尔行动"的底线仍旧是对的：法律面前，人人平等，没有任何人可以凌驾于法律之上。为了维护秩序和正义，决不允许滥用政府信用，这就是为什么至今联邦调查局仍将反腐败调查作为最优先调查任务的原因。

5. 反黑卧底之特工无间道

外号"小黑"的马仔多米尼克·纳波利塔诺简直不敢相信自己的眼睛。1981年，小黑和他的精明伙计知道东尼·布拉斯科是个偷珠宝和入室偷窃的小蟊贼，所以把他视为伙伴甚至是朋友，并把东尼引荐给了班纳诺犯罪家族。但东尼现在竟是联邦探员乔·皮斯通。

特工乔·皮斯通曾化名"东尼·布拉斯科"在黑帮卧底

皮斯通从 1976 年开始以驯熟的演技愚弄这帮家伙长达 6 年之久。他首先以外乡人身份出现在纽约边缘的"小意大利"。东尼这个名字逐渐在当地黑社会声名鹊起，他与各种各样的骗子、恶棍交朋友，取得这些人的信任，看起来他也参与了这些犯罪生活，但他在暗地里收集有关黑手党和他们犯罪手段的关键情报。

卧底的确很不容易。皮斯通必须时刻要和骗子一样去思考、讲话、行动（比如说，他花了整整两周来研究珠宝行业）。他必须要知道黑手党的游戏规则。他必须要不断说谎——圆谎——而且要看起来使他的身份和他加入黑帮的期望真实可信。他和暴徒们和犯罪分子交朋友，长期与家庭和朋友保持隔离，即使是在他的假期里也是如此。

卧底特工的工作极度危险。当扮演东尼的时候，皮斯通可能会遇到不该遇到的人或者被认识他的人认出来。他所带的和安装各种记录装置可能会暴露或者搞混乱从而拆穿他的身份。他可能会不小心说漏了嘴。极微小的一个失误或者事故就可能要了他的命。他的任务如此秘密，只有几个联邦调查局的人知道他的情况。

联邦调查局纽约分局决定将皮斯通卧底打入黑手党内部，以打击黑手党的五大家族——班纳诺，干比诺、阔隆博、吉诺维斯、鲁切斯家族。过去的岁月里，调查局收集到了部分帮派犯罪的情报，但总是只找到一些小虾米。真正的大鱼——黑手党的核心领导层（因为他们有一套黑手党的帮规）外界却根本触摸不到。纽约市局的特工决定采取长期卧底行动，这是联邦调查局历史上第一次采取此类行动。但他们绝对没有想到这次卧底一卧就是如此长久并取得了如此辉煌的战果。

这次卧底行动简直就是挖到了反黑手党情报工作的金矿。卧底行动打开了纽约、佛罗里达州、密歇根州以及其他一些地方的黑手党内部普遍的运作方式的一扇天窗，特别是班纳诺家族（在某种较低程度上其他家族的情况也都被掌握）。通过卧底，调查局掌握了谁是主事人、从事哪些欺诈活动、他们依照什么样的帮规运作的第一手资料。最终100多人被控触犯联邦法律。

70 年代，皮斯通和少数勇敢的先锋特工首先采用的手段在此后的 30 多年间被反复采用并且屡试不爽。卧底获得的情报帮助找到黑手党目标和破坏主要犯罪企业，沉重打击了美国黑手党的实力。

6. 1985：间谍之年

冷战正酣，但你绝对想不到潜藏在美国政府内部向苏联和其他国家出卖情报的所有的"鼹鼠"间谍（掩藏很深的间谍）都被逮捕。

1985 年，联邦调查局高调逮捕了一批间谍，美国媒体戏称这年为美国的"间谍之年"。

下面就是一些被指认的间谍和他们的故事。

小约翰·安东尼·沃克

美国政府内部职位：1966 年—1985 年，美国海军一级准尉和通信技术专家。

同时他还为苏联政府提供情报。

泄露的秘密情报：在长达 17 年的时间里，沃克向苏联政府提供顶级密码秘密，其中包括 100 万份绝密信息。从海军退休之后，他还通过忠诚度检查招募另外 3 人

小约翰·安东尼·沃克

组成他的间谍网：他的弟弟阿瑟，儿子迈克尔，他的好朋友杰里·惠特沃斯。沃克和他的同谋泄露的情报若在美国与苏联发生战争的情况下有可能毁掉整个美国。

怎么发现的：他前妻告发。常言道："世界上最恐怖的动物就是前妻。"所以说什么也别得罪女人，特别是前妻。

结果：他1985年5月20日被捕，宣告有罪，被判处终身监禁。

乔纳森·杰伊·波拉德

美国政府职位：马里兰州海军反恐预警中心文职情报分析家。

同时为以色列情报机构服务。

泄露的秘密：1984年开始出卖敏感文件；真实内容未被披露，但是文件数量十分惊人。他老婆安妮协助他出卖情报。

如何被发现：同事对他产生怀疑。

乔纳森·杰伊·波拉德

他的命运：1985年11月25日与其妻子一同在以色列大使馆外被捕，两人均被判有罪，乔纳森·杰伊·波拉德终身监禁。最终的结局，他承认自己是为以色列工作的特工，而以色列长期坚持不懈的请求美国释放，最终回到以色列过上安生日子。

沙龙·玛丽·斯科拉尼奇

美国政府职位：中央情报局驻加纳办事员。

她还为加纳政府工作。

泄露的密：1983 年开始，斯科拉尼奇开始与迈克尔·苏苏蒂斯约会，他是加纳国家首脑的表兄。她向苏苏蒂斯提供了中情局的情报，包括中情局附属公司以及通信、广播以及军事设施的识别标志。

怎样被发现：例行的测谎仪测谎数值升高引起怀疑。

结果：1985 年与其男朋友一起被起诉，被控有罪，5 年监禁。

拉里·金·无怠

美国政府职位：1952 年—1981 年间任中央情报局中文翻译以及情报分析官。

同时为中国情报机构服务，1981 年退休后多次来往夏威夷和中国。

泄露的秘密：绝密文件以及照片，包括中情局远东地区事务报告。如何曝光的：至今未解密。

拉里·金·无怠

命运：1985 年 11 月 22 日被捕；审判时认罪但在宣判之前自杀。他的朋友和妻子都认为他是一个很神秘的人，喜欢赌博和追求年轻漂亮的女士。中情局和联邦调查局认为他是为了金钱出卖情报秘密，他的故事被写成了传记《金无怠传》。他的妻子周瑾予女士最近还写了一本有关丈夫金无怠的书。他在监狱中用塑料袋自杀身死，最终留下了所有人都不解的谜题。

罗纳德·威廉·培尔顿

美国政府职位：通信专家，国家安全局。

他还为苏联政府工作。

泄露秘密：因为金钱问题，培尔顿从国家安全局退休之后立即就到华盛顿的苏联大使馆，并要求出卖情报。出卖绝密情报达 5 年之久，包括了美国收集苏联情报项目的详细细节。

罗纳德·威廉·培尔顿

如何曝光的：一名克格勃（KGB）变节者提供的信息。

结果：1985 年 11 月 25 日，被判有罪，终身监禁。

这些只是联邦调查局识别并在 80 年代逮捕的几十名间谍中的极小一部分，单在 1984 年就抓了 14 名间谍。对于联邦调查局而言，1985 年算不上"间谍之年"，但整个 80 年代却可以称为"间谍年代"。

7. 款迪克的联邦调查学院

1972 年，现在的联邦调查学院。它训练调查局人员也为全世界培养执法人才。它位于弗吉尼亚州乡下的款迪克海军陆战队基地

空中鸟瞰款迪克的联邦调查学院

中，占地 385 英亩，联邦调查学院对全世界敞开大门。

为什么调查局最终选址在款迪克呢？话得从 1934 年说起，当时国会刚刚授权特工可以携带枪支并执行逮捕。调查局需要一个安全、与世隔绝的地方来练习射击和瞄靶。美国海军陆战队愿意提供协助，在陆战队位于华盛顿特区西南 35 英里处的款迪克训练基地中划出一块射击区建立联邦调查学院。

30 年代末，调查局需要一个集中的地方来培训和容纳不断增加的警官和特工人员，以适应调查局更为专业的执法工作。1939 年，海军陆战队借给调查局一块地建设训练设施和射击场。联邦调查局第一栋教学楼 1940 年在陆战队训练基地的下半部建成。联邦调查学院成立。

在后来的 20 年，联邦调查局逐步增加了几栋楼。但这远远不够，

8个人挤在一个宿舍里面。教室空间有限，只好限制训练班的规模。射击场是一个糟糕的凹凸不平的场地。联邦调查局需建立其所设想的世界级的训练设施。1965年，联邦调查局取得了在款迪克建立一栋新的综合楼。海军陆战队再次给予了帮助，在陆战队训练中心的外围向联邦调查局提供了更多的土地。

1972年5月7日，新扩建的现代化联邦调查学院正式开课了。谈谈最主要的改进情况：综合楼包括了20多个教室，8个会议室，两栋7层学员宿舍，1000个座位的大礼堂，一个餐厅，可容纳全学院所有人的大型体育馆和游泳池，一个资料齐全的图书馆和全新的射击场。更重要的是建立了大量法医科学训练专业教室，四个鉴证实验室，十几个暗室，以及专门模拟城市和犯罪现场实习训练的教室。

"木屋小巷"专门有人模拟坏蛋来提供真实训练环境

自1972年，学院的训练和设施继续扩大和升级。1976年，联邦调查局创建了国家执行学会，专门培养全国最大执法机构联邦调查局的领导。随后还有更多的领导能力培训项目。1987 年，调查局建立了一个叫做"木屋小巷"的模拟市镇，为特工提供虚拟实境的训练场地。

1980 年代和 1990 年代新进入综合楼的有工程研究系和危机反应特种部队，他们中间包含了联邦调查局人质救援队以及行为科学家。2002 年，联邦调查局建立了分析研究学院，现在叫做情报训练中心，专门培养和训练情报分析专家。2003 年，调查局建立了第一幢独立实验室大楼，这是能让联邦调查局继续保持法证科学界领先世界地位的具有当今最高技术水平的设施。

8. 国内情报工作的新时代

70 年代，整个美国开始了解和质疑美国情报机构的行动，包括联邦调查局和中央情报局，特别是在动荡的 60 年代。由弗兰克·邱其为首成立的参议员委员会，即后来出名的邱其委员会，1975 年就情报工作举行了一系列听证会。

对联邦调查局的听证会，联邦调查局因为在 70 年代所进行的"反间谍"行动、对马丁·路德·金博士的调查以及监视技术和政客利用调查局情报信息等问题而备受指责。

在听证会上邱其作了证言，联邦调查局局长凯利解释说"反间谍"行动代表的只是联邦调查局工作中很小的一部分。他同时还指出国家期待联邦调查局能够对 60 年代产生的暴力和骚乱进行强有力的反应，但是国会却没有确定调查工作的指导方针。然而，联邦调查局意识到必须改革其国内安全调查工作，并且在听证会举行之前已经开始采取措施了。

1976 年，司法部长爱德华·里瓦伊和联邦调查局就联邦调查局如何确保国内安全制定了一系列的指导原则。最为重要的改革：只调查那些极端的违法行为和明显已经参与暴力活动的人员。改革产生了迅速而深远的影响：联邦调查局主管的国内安全调查案件从 1973 年全年的 21000 件骤减到 1976 年 1—9 月份只有 626 件案子。

1978 年，部分是应邱其委员会听证会的要求，外国情报监视法案（FISA）正式生效。法律对体检和电子监视以及收集外国情报确定指导原则，并成立特别法庭来听证对这些特约条款的请求。

这些改变为联邦调查局调查工作确立了规范，要求特工比以往更加尊重和保护宪法权利。同时，指责和改革对于后来年代里联邦调查局的工作产生了激冷效应，使得联邦调查局更愿意谨慎和严格地区分国家安全与普通犯罪调查。

9. 罪犯侧写：深入探究犯罪心理

长达 16 年时间里，一系列由爆炸犯设置在纽约市区的炸弹吓坏了市民。警察局因为调查工作搞得精疲力竭，1956 年他们不得不求助于格林威治村的心理学家詹姆斯·布鲁塞尔，因为他能够深入探寻"炸弹疯子"的内心世界。

通过分析爆炸犯的信件和目标以及研究犯罪现场的照片，布鲁塞尔得出了这个爆炸犯的心理侧写。非常精确——布鲁塞尔所描述的罪犯所穿的从上到下的双排扣套装。心理画像使警察很快就找到电力公司一名情绪不满的员工——乔治·梅特斯基，他很快就认罪了。

从最先几次对罪犯侧写的尝试，到后来在纽约和其他一些城市发展起来的技术和科学现在被称为犯罪侧写和行为分析逐渐风行，并被运用在"波士顿扼颈者"之类的案子的调查当中。

70 年代，特工霍华德·特登和其他联邦调查局特工开始运用犯罪心理学更全面地探寻暴力犯罪行为。1972 年，联邦调查学院开设行为科学班，后来叫做行为分析班，开始研究强奸犯和杀人犯的行为模式。特工约翰·道格拉斯和罗伯特·瑞斯勒系统性地对诸如约翰·韦恩·格西、特德·邦迪、杰弗瑞·达梅等罪犯行为模式、动机和背景进行深入研究。用掌握到的信息帮助特工们描绘出躲避法律制裁的暴力犯罪分子的人物侧写。

到 80 年代，犯罪调查分析具有更加成熟的手段，通过研究罪犯行为、性格、身体特征等识别以及预测犯罪分子下一步行动。1984 年 7 月，调查局在联邦调查学院校园里建立国家暴力犯罪分析中心（NCAVC），开始向全国各州和当地警察提供犯罪侧写服务。

现在，中心包含了几个行为分析班和暴力犯罪识别班，帮助执法部门调查和追踪连环暴力侵犯案罪犯。暴力犯罪分析中心为执法部门提供各种服务，并对各种犯罪问题进行研究，主要有连环纵火犯、娈童罪犯到校园枪击犯。

在过去的年月里，联邦调查局行为分析专家为追捕到下面这些连环杀手提供了重要线索。

韦恩·威廉姆斯，80 年代他在亚特兰大市专门杀害非洲裔美国儿童。

安德鲁·飞利浦·楚纳南，联邦调查局排名前十的通缉犯，他于 90 年代杀害时装设计师江尼·威赛斯以及其他几个人。

特区狙击手——约翰·艾伦·穆罕默德和李·博伊德·马尔沃，他们震惊美国首都的举动是 2002 年连续 23 天在市区进行漫无目的的射击。

丹尼斯·雷德尔——传说中的变态杀手，他捆绑受害者，折磨他们，最后才慢慢杀死受害者。1974 年到 2005 年间，此人在堪萨斯城一共杀害 10 人。

麻烦不断的世界

1988—2001 年

在泛美航空公司 103 号航班所有乘客登机，飞机飞行在苏格兰上空时，一切都非常平静。直到那声巨响来临。

大约刚过 1988 年 12 月 21 日早 7 点，圣诞节前 4 天。35 分钟前，巨型波音 747 客机起飞离开伦敦西斯罗机场前往纽约。机上共有 259 名乘客和机组人员，包括 180 名回家过圣诞节假期的美国乘客。

在客机上，在机舱部位货仓部位，装着一个装满塑胶炸药的行李箱。

突然，行李炸弹携带着巨大威力炸响。几秒之后，飞机就从爆炸撕开的裂口被高空强风撕碎，直接栽向地面。机上所有人都魂归西天。

同时，苏格兰南部海岸变成了巨大的犯罪现场。金属机壳和碎片从空中如雨般打到苏格兰小镇洛克比和镇子周围。机翼和油箱落地时撞击最为严重，以 500 英里每小时的速度扫掉了洛克比镇上一排人家，在地面划出了 150 米的印迹，燃起的大火将 11 名男女老幼瞬间烧成灰烬。空中爆炸之后几分钟之后，飞机残骸和人体残骸被散射到苏格兰方圆845平方英里的土地上，现场极度恐怖。

103航班的坠落是恐怖袭击中美国人伤亡最大的一次：其他还有1983年在贝鲁特兵营遭受卡车炸弹袭击时海军陆战队被炸死241人，卡车炸弹袭击是到当时为止美国历史上恐怖分子袭击造成的最大人员伤亡。至今仍然在恐怖袭击中美国死亡人数榜单中排第三位。

这个事件是一种新情况出现的征兆，预示着国际犯罪和恐怖主义时代即将来临。随后的调查和恐怖袭击一样也是一个预兆，两者都极为复杂并都需要跨国界行动。案子有苏格兰警官、英国政府、联邦调查局共同调查，甚至还加上德国、奥地利、瑞士警察机构和这些国家的情报特工的帮助。调查员拼合所有这些微小的炸弹碎片最终将目标指向两名利比亚情报人员，他们在美国和苏格兰被起诉，但在荷兰进行审讯宣判。美方检察官是罗伯特·米勒，这位未来的联邦调查局局长。

调查局早就开始了与国际伙伴开展国际犯罪调查，20世纪20年代末与加拿大，30年代末和英国开展了合作调查。40年代调查局在墨西哥城、伦敦、渥太华、波哥大、巴黎、巴拿马城建立了他们的第一批国际法律参赞处，或者叫做法律帮办。50年代在罗马和东京也建立了参赞处。但是随后国际犯罪的浪潮无比巨大。

国际犯罪主要有两个方面的倾向。

首先，在泛美航空 103 航班被炸成粉碎的同一时期，中东地区一个暗藏的恐怖组织正在秘密形成。

受到 80 年代末期反苏作战胜利的鼓舞，成千上万参加了这些战斗的外国圣战者信心爆棚，想要把他们的伊斯兰事业推广到整个世界的其他地方。当时其中形成的一个叫做"基地"组织的团体。组织首领叫做乌萨马·本·拉登，他是一名极端富有的凭借自己头衔成功致富的商人之子。在参加完 1992 年苏丹的作战后，本·拉登开始策划采用改进的额、致命的新圣战手段袭击西方目标。第二年，拉姆齐·由塞夫在本·拉登营地训练的年轻极端分子，将带领恐怖分子前去美国本土到世贸大楼底部放置汽车炸弹。

这只是一个开头。本·拉登和他的支持者随后转战阿富汗，在那儿得到政治盟友塔利班政府提供的安全的巢穴来训练招募恐怖分子和策划恐怖袭击，在那个鸟不拉屎的地方所发生的一切都被世界所遗忘。

其次，国际政治版图正朝着数年之前从没有人想到的方向发展变化，而这些变化对于世界各国的安全产生了深远的冲击和影响。

最主要的发展是 1989 年 11 月份，推倒柏林墙，使得全世界要求加速打破铁幕。1992 年苏联共和国正式宣告了解体，一系列新的民族国家和民主政权的成立曾经让美国和西方欣喜若狂，然而一切只不过是一种假象，苏联的解体犹如打开潘多拉魔盒，一下子民族主义和恐怖主义势力迅速得到了扩张和壮大。

冷战结束，一系列国家获得自由，不只中东欧，而是全世界所有地区的国家都获得自由。当共产主义退潮，给新的公民解放和民主自由市场让路的时候，全世界开始开放了。大家可以到更多地方旅行，与更多国家贸易，更加自由地与更多人进行交往。与此同时，科学技术飞速发展，越来越多人使用个人电脑并且使用万维网（WWW）进行交往。在21世纪初的交汇点上，全球化以强有力的新面貌出现。

随着这些变化，一系列新的国家安全挑战出现了。当边界不再被封锁，全球经济走向成熟，有组织犯罪集团跨越国境和与其他国家犯罪分子共谋来发掘新的毒品和违禁品市场。在苏联解体之后，大规模杀伤性武器落入危险分子手里以及"失控核弹"和其他武器技术出现在黑市的危险大幅升高。当世界变得更加平缓，公司和国家之间的竞争愈发激烈，各个层次的经济间谍，知识产权剽窃，以及其他类型商业犯罪（1996年通过反经济间谍法案，联邦调查局又增加了新任务）。因特网技术不仅为恐怖分子、间谍以及其他犯罪分子提供了新的攻击目标，同时也增强了他们利用网络匿名的特点来发动攻击和舒缓他们罪恶心理的能力。

90年代早期开始，甚至就是在处理国内安全问题的时候，包括对付日益增加的街头暴力犯罪，主要的问题比如说"维科城危机"，美国史上最为严重的国内恐怖袭击行动。调查局重新界定自己在全球化时代的角色。

处理这些问题的关键就是新的更强的国际合作。1994年夏季，局长路易斯·弗利（1993年执掌联邦调查局大权），主持了高级别外交官和联邦执法官员与 11 个欧洲国家国际犯罪问题高级官员的会谈，会议达成了谅解并签署一系列协议。

最具历史意义的是莫斯科发生的事情。1994 年 7 月 4 日，美国人庆祝独立日的这一天，弗利宣布在俄罗斯首都建立了新的法律参赞处。联邦调查局特工能在莫斯科公开工作？在这 3 年之前都是任何人想不到的事情。现在已成为事实，并且两国之间还正式开始进行了长期、富有成果的执法合作。

国际执法合作刚刚开始。弗利在随后数年多次出访海外，加强了联合打击国际有组织犯罪、贩毒和恐怖主义的行动。他在局长任内时，一共访问 68 个国家，会见了 2100 名外国领导人。

他还把建立新的法律参赞处作为工作重点，特工们作为外交使馆的正式随员并与其国际合作伙伴进行面对面合作，建立了更紧密的互惠互利的合作关系。当跨国犯罪和恐怖主义行动增长的同时，弗利所讲的"警察对警察"的合作桥梁，很快在联邦调查局与国际领导人合作的案子中变得越来越重要，能够对于国外发生的犯罪和恐怖行动采取快速坚决的行动，共享情报和信息以防止国际犯罪威胁到美国本土。

1993 年，联邦调查局在全世界拥有 21 个法律参赞办公室，8 年之内数量翻了一番。在这期间，法律参赞处在战略驻点巴基斯坦、埃及、以色列、约旦、土耳其、韩国、沙特阿拉伯等地建立。在以后的几年，这种趋势还在延续：截至 2008 年 5 月，联邦调查局一共拥有 200 名特工以及支援人员工作在全世界 60 个法律参赞处。

整个 90 年代，在一桩接一桩恐怖爆炸案和快速增加的网络攻击案件中，法律参赞处都提供了极有价值的情报。例如，1998 年 8 月 7 日"基地"组织在东非美国大使馆爆炸案袭击中炸死数百名美国人、肯尼亚人、坦桑尼亚人，驻南非和埃及的法律参赞几个小时之后就赶到事件现场。很快就与非洲当地政府开展联合调查，在进行人员抢救的同时保护好犯罪现场，收集关键证据。

这些袭击很快就指向了本·拉登。他在 1999 年 6 月登上了美国联邦调查局的十大追捕要犯名单。实施爆炸的"基地"组织高级成员最终被捕并入狱，这次袭击引起了美国以及联邦调查局提高了反恐措施等级，1999 年建立了第一个反恐处，20 年来首次巩固其反恐措施和能力。

在此期间，联邦调查局加大了与毒品麻药强制管理局（DEA）的联合行动，以应对全球毒品麻药走私行动。1994 年，联邦调查局和毒品麻药强制管理局建立了西南边界项目集中调查人员去捣毁和破坏重大墨西哥毒品走私集团在美国西南部地区的活动。这个行动和其他多个机构合作的行动抓捕了一系列主要毒枭，并极大打击了全世界毒品走私活动。

特别当苏联东欧社会主义国家解体，脆弱的民主政权在东欧国家纷纷建立之后，为了深入建立合作伙伴关系，并与全球其他国家同行共享技术，联邦调查局发起了一系列国际训练合作活动。其中最为重大的活动是联邦调查局牵头，1995 年 4 月建立国际执法学院。学院教中东欧国家警察部门管理人员顶尖的领导技巧、反腐败战略以及人权、反恐调查技术、主要的案件调查方法以及如何在中东欧建立法律规则等关键科目。到 2008 年 4 月，共为 27 个国家训练 3000 名专业执法人员，并在全球建立了更多的国际执法学院。

同时，这个年代的电子犯罪也成了调查局工作的主题。联邦调查局从 1980 年代开始就在调查和防止计算机犯罪方面扮演了重要的角色。联邦调查局实验室，在 1984 年就收到了关于检查计算机证据的请求。1991 年，计算机分析与反应小组成立，专业素养极高的计算机专家有能力收集计算机犯罪嫌疑人的证据。8 年之后，这些技术概念扩展到地区计算机法证实验室，在那里调查局与州、地方、联邦合作伙伴合作收集计算机、移动电话、数码相机等数码设备里的数字证据。到 2008 年春，全国共建立 14 个这样的计算机法证鉴定实验室。

全球的计算机网络犯罪，从 1994 年开始逐步增加。从俄罗斯内部，一个年轻的计算机天才名叫弗拉基米尔·列文坐在自己家里用电脑窃取一家美国银行的账户。在两个月时间里，列文再加上他的几个同谋一起利用当时拨号上网设备侵入了美国花旗银行计算机，并转账 1000 万美元到世界各地的账户。通过花旗银行和俄罗斯政府的合作，联邦特工很快知道窃贼是列文并追踪他藏在圣彼得堡。于是将他诱导伦敦并在那儿将他拘捕。

这仅仅是一个开端，特别是在 90 年代中期商业互联网兴起之后，自 1988 年开始计算机蠕虫和病毒开始在网络上迅速扩散，随着时间推移计算机病毒变得越来越强有力和复杂。恶意代码很快就成了危及国家安全的隐患和犯罪威胁，可能在瞬间摧毁世界军事力量、政府和公共安全网络而造成万亿元的损失。不久之后，互联网成为新犯罪的孵化器：从网络围捕到网络恐怖主义，从垃圾邮件到电子欺诈。

联邦调查局建立了调查专家组，承当一系列新项目，最终调查局成为了打击网络犯罪的领头人。

比如，在全国失踪儿童图片网，逮住了通过因特网向儿童提供色情文学和将孩子们引入可能受伤害的危险境地的恋童癖者，该网站 1995 年在巴尔地摩建立并扩张到全国。基础设施防护网，1996 年建立于克利夫兰，随后扩展到全国。集中公共和私人专家来保护全国物质和电力基础设施。1998 年联邦调查局全国基础设施保护中心建立，主要监控计算机病毒、蠕虫传播以及其他恶意程序以向政府和商业机构发出警报。这个中心后来被融入联邦调查局和国内安全部。2000 年，联邦调查局与全国白领犯罪中心合作建立了因特网诈骗投诉中心（现在叫做因特网犯罪投诉中心），作为一个报告和分检计算机相关犯罪以及为执法机构提供分析和研究帮助的交换平台。

在 21 世纪的关口，联邦调查局成为了担负着国家安全责任的国际机构。但是美国历史上最为致命的恐怖分子始终藏在不为人知的角落，他们将给联邦调查局带来彻底改变。

1. 邮件炸弹杀人狂

拿到一件普通包装的邮件并不是什么令人惊奇的事件。毕竟是在假期里。真正麻烦的是邮包里面的东西，那是一个炸弹。

1989 年 12 月 16 日，当联邦上诉法官罗伯特·万斯在亚拉巴马州家里厨房打开紫色小邮包后，邮包爆炸，法官当场被炸死，妻子受重伤。两天之后，同样的情景再次出现。这次炸死的人是亚特兰大市法官罗伯特·罗伯臣。

事情到这里还没完。另外两个邮包神秘出现。第三个被寄到亚特兰大市的联邦法院，但被截取并解除了危险。第四个寄到有色人种协进会在杰克逊维尔市的办公室时被发现并解除危险。

杀人犯和系列爆炸震惊全国。到底谁这么恶毒，特别选在节假日里寄送邮件炸弹呢？

联邦调查局必须全力调查出来。调查员从证据开始调查。几名受害人都是因为他们在人权方面取得的进步而被杀害，但最终调查结果出来却让人大跌眼镜。

同时，得到美国邮政巡视员广泛协助、特工们收集到炸弹和包裹的残余物送调查局实验室进行分析。他们了解到这个邮包通过邮政系统的运行路径，并产生一个嫌疑人清单。

突破来自于一个拆弹专家记得曾有一个同事曾经帮助解除过其中一枚炸弹。他觉得这枚炸弹与他在 17 年前见到的非常相似。他记得制造炸弹的人叫做沃尔特·雷饶·穆迪。

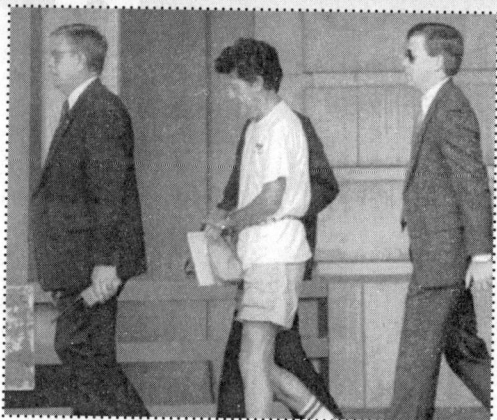

1990 年穆迪被带到法庭的听证会受审

顺着这个线索，调查局与兄弟单位广泛合作调查事件真相，与爆炸相关购买物品、接触邮件、电话等等，最终将所有的爆炸和未爆炸炸弹都联系起来了并最终指向穆迪。法庭授权在家和在监狱监视穆迪（他喜欢自言自语），提供了额外线索。其他线索也出现了，嫌疑犯消除了自己与犯罪的联系证据，详细的分析必须基于收集的证据和信息的细节，以及调查员所探到的行迹。

第二年，穆迪的动机越来越明显。穆迪从事这类型爆炸试验的日期可以追溯到 70 年代早期。当时穆迪被控在制造炸弹时炸伤了自己的妻子。他被定罪和上诉失败导致他异常痛恨法院系统。他与万斯法官结的梁子是在一桩 80 年代的案子，导致了很深的个人敌意。其他炸弹，巡视员发现的，是用来使得当局将嫌疑人目光转移到种族主义者身上去。

1991 年春，在检察官路易斯·弗利（未来的调查局局长）的协助下，这个难搞的案子开庭了。审判很艰难，穆迪采取各种方法来掩盖自己与炸弹爆炸案的联系。但他没能成功。1991 年 6 月 28 日，经过联邦调查局、拆弹专家、美国邮政巡检员、美国国税局、美国消防局、乔治亚州警察局等等合作之下全面取证调查，陪审团一致认定穆迪犯有被指控的 70 项罪并被判终身监禁。

2. 天真儿童照片行动

1993 年 5 月，马里兰州布伦特伍德市一名 10 岁男孩在他家附近失踪。几周之后，调查发现了两个恋童癖者和一个儿童色情文学作者网络。2 年之内，这项调查成为联邦调查局中心工作之一，保护未成年人免受网络捕手侵害。

下面是有关调查事件：当联邦特工和马里兰州的乔治王子县警探和失踪男孩的邻居进行逐户交谈过程中，他们找到了 2 个对孩子们特别"友好"可疑的人，总是给孩子们带来很多礼物并带他们一起去度假。

调查员发现这两个人对儿童性虐待已经有近 25 年历史了。最近，这两人转移到网上，建立了数个计算机留言板，不只是和孩子们网上交谈还经常与他们开会，并将儿童色情文学和照片在网络上与恋童癖者共享。两个家伙最终都被判虐待儿童罪，但没有能发现他们与失踪儿童有联系。

但同时联邦调查局还在扩大绑架案的调查力度。特工们请求调查局查明这些非法计算机技术的传播到了什么程度。他们了解到全国已经有非常多的父母被这些儿童色情照片和自动发送到他们家庭计算机上的色情信息表示强烈愤慨和投诉。于是调查局咨询专家后确认发出了如下警告：通过计算机性侵害儿童的趋势已经形成。

从那以后，特工们 1994 年 9 月开展了一项"天真儿童照片"行动。召集了更多特工和支援人员来调查儿童性虐待问题。特工们严格执行法规规定，暗中扮演儿童上网。他们与可疑的恋童癖者交谈或者扮演对于儿童色情感兴趣的嫖客。很多时候，他们被计算机屏幕上蹦出的那些照片和露骨的信息惊呆了。

1995 年夏，调查局公开了这些案子，在全国范围内同时下大了 100 个搜查令。在这个调查的基础上，联邦调查局正式开始启动了"全国天真儿童照片"行动以打击网上商业和个人进行的非法性虐儿童行为。

现在，全国天真儿童照片行动活动升级了：捣毁所有在线恋童癖者的网络和团体；摧毁所有制造与传播儿童色情文学的犯罪者；制止性捕猎者在网上吸引和抓捕儿童；抓住那些观看和传播违法照片的家伙。

很多工作是事先通过全国的特种力量进行的，特种部队集中了卧底的联邦特工、当地警察。2004 年 10 月，联邦调查局建立一支天真儿童照片特种部队，将国际执法警官与美国同行联系起来共同打击全权侵犯儿童案件。

这个行动成果非常巨大：到 2007 年 9 月，联邦调查局调查了
20000 桩天真儿童照片案，6800 嫌疑人被判有罪。而对于人们的影
响则无法用金钱来衡量，无数儿童和家庭都得到了保护。

那么，最终失踪那个孩子怎么样了？很不幸的是，他最终也没
有被找到。对他而言这是个悲剧。但对着这些年里全国千千万万受
到性虐待的儿童而言，由此而启动的天真儿童照片行动拯救了他们
和他们的家庭。

约翰·高迪惹麻烦了：让黑老大惹上官司

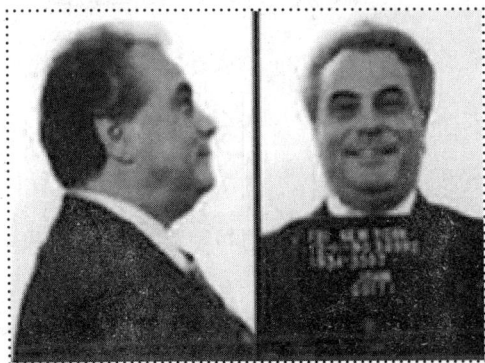

约翰·高迪

这个黑手党老大非常滑头，多次利用威胁恐吓逃脱法律严惩。
尽管他有着"不粘锅老大"的外号，但是他绝对无法永远逃避法律
的公正制裁。

不管他的"不粘锅老大"的外号，约翰·高迪，纽约街头长大

的暴力、粗鲁的暴徒在他年轻的时候多次被送到监狱。1968 年，联邦调查局因为他想偷窃上万美金的商品而将他逮捕。1972 年他才被释放。

但很快这家伙又惹了更多麻烦。两年之内，调查局以谋杀罪将高迪逮捕。他二进宫然后过了几年又出来了。不久之后，他被干比诺家族选为家族"继承人"，成为大都会纽约五大犯罪家族的继承人。赌博，大耳隆，毒品麻药走私成为了他的主要事业。

80 年代初，通过 III 号监听，匪帮线人和卧底人员，调查局终于搞清了干比诺及其他家族的等级制度和活动情况，并立案强力打击这些犯罪企业。

1985 年开始，高迪终于坐上了黑手党委员会上位成为老大，在他的带领下曼哈顿的街头犯罪呈现井喷的姿态。

犯罪现场是火花牛排店，黑手党头头们喜欢的一家餐厅。1985 年 12 月 16 日傍晚，70 岁的黑手党老大保罗·卡斯特拉诺（干比诺家族刚刚过世的老大阿涅罗·德拉克罗斯的继承人）与在帮会排名第二的托马斯·比洛迪一起被枪杀。而约翰·高迪则在安全距离之外的一辆汽车里监督整个刺杀过程，由他的一个死党开车到现场以确保他下达的致命的暗杀命令被执行。

消灭掉竞争对手，高迪取而代之成为了干比诺家族的头目。因为他穿着奢侈的套装，大兴舞会，进行非法交易，迅速吸引了媒体注意，媒体给他一个封号"时髦老大"。由于多次被公开宣判无罪，大部分由于证人受到恐吓或篡改陪审团意见，高迪获得了"不粘锅老大"的外号。

联邦特工以及纽约警察局的同行们却没有闲着。获得法院授权的电话监听之后，辛苦的侦探工作，以及高迪的头号帮手——外号"野牛"的格拉瓦诺的协助，调查局和纽约警察局终于对高迪所犯罪行立案。

1990 年 12 月，特工和纽约警察局探员逮捕了约翰·高迪，他被控敲诈、勒索、威胁陪审团以及其他罪行。这次，法官要求证人保持匿名，只用数字代号识别，因此没有人可以威胁到他们。最终案子无懈可击。

调查局和警察局的合作起到了效果。1992 年 4 月 2 日，高迪被法庭认定犯有 13 项罪行，其中包括谋杀卡斯特拉诺和比洛迪。调查局纽约分局局长的著名申明：现在黑手党老大被牢牢捆绑起来，每个控诉都粘住了他。

的确，高迪再也没能逃脱法律的严惩。2002 年 6 月，高迪死于监狱中。

3.9·11 预演：1993 年世贸中心恐怖袭击爆炸案

1993 年 2 月 26 日，约 12 时 17 分，纽约市下曼哈顿区传出雷鸣般的爆炸撼动了大地。

爆炸中心位于世贸中心地下车库，从那儿爆炸切开了100英尺宽、几层楼高的口子。6人当场被炸死。浓烟和火苗瞬间冲进了炸开的缺口，向上直蹿。那些被困在楼上的人们慌慌张张地从楼里往下压，很多惊慌失措的人被压倒地上。1000多人受伤，其中一些被严重踩踏骨折。

伴随着一声巨响，中东恐怖分子来到了美国本土人们的视线当中。

爆炸过后，一小撮恐怖分子悄悄逃离现场，联邦调查局特工与纽约反恐特种部队开始组建一个调查小组。直觉告诉他们，这是一伙中东恐怖分子所为。他们连续数月在纽约市追踪伊斯兰极端主义分子，后来他们才知道，他们曾经非常接近找到这些恐怖袭击策划者。但预感是没有用处的，必须要取得确实的证据。

很快他们就找到了足够证据。大范围的调查之后，由反恐特种部队，以及全世界700多名联邦特工参与调查，很快就发现了关键的证据。在现场发现的汽车牌号似乎是故意被锉掉了。调查局犯罪记录调查随后发现了符合现场汽车条件的车：车牌号码在袭击前一天同租车公司被偷窃的一辆车相同。伊斯兰极端分子穆罕默德·萨拉姆租了这辆车，3月4日，在他试图取回他的400美元存款时被联邦特工特警拘捕。

线索一条接着一条出现，联邦调查局逮捕了另外3个嫌疑人——尼达尔·阿亚德，马毛德·阿布哈里玛以及艾哈迈德·阿扎吉。调查员发现了他们制造炸弹的公寓和存放危险化学物品的储藏室，里面装了可以毁灭一个城镇的氰化物气体。4 名嫌疑人都被审讯并判有罪，终身监禁。

这次袭击产生的余波继续震荡。随着调查发现的情况不断深入，特别小组很快发现恐怖分子企图同时爆炸炸毁一系列纽约市地标性建筑的阴谋，其中包括了联合国大厦、荷兰与林肯隧道、联邦广场以及联邦调查局纽约分局所在的大楼。1994 年 6 月 24 日，特工对皇后区一间车库的突袭中，抓获了一批参与了组装炸弹的恐怖分子。

同时，这次袭击世贸中心的主谋却仍然逍遥法外，并且变本加厉地作恶。几周之后，特别小组了解到了他的名字——拉姆齐·由塞夫。他正策划进行更多的袭击包括同时炸毁 10 多架美国国际航班的客机。由塞夫 1995 年 2 月在巴基斯坦被捕，被带回美国与驾驶炸弹卡车的司机艾亚德·伊斯莫尔一起受审。第七名爆炸策划者，阿布达尔·亚辛依然未被捕。特工们审讯后知道由塞夫爆炸袭击世贸中心的阴谋远比后来实施的更为险恶。他期望爆炸轰倒世贸双子塔其中一座，倒下时砸倒另外一座双子楼。这次袭击俨然成为了若干年之后 9·11 恐怖袭击的一次彩排。在由塞夫的叔叔哈立德·谢赫·穆罕默德的帮助之下，"基地"组织最终实现了由塞夫邪恶的愿望，炸毁美国金融中心象征的世贸双子楼。

4. 国内恐怖分子：俄克拉荷马市爆炸

　　1995年4月19日清晨，前陆军战士替莫西·麦克维将一辆租用的莱德卡车停在俄克拉荷马商业区阿尔弗雷德·穆拉联邦大厦前。他正在实施一起空前的大谋杀。

俄城爆炸主犯麦克维

　　卡车里面是由化肥、柴油及其他化学物质制成的莫洛托夫鸡尾酒炸弹。麦克维下车后，锁住卡车车门之后径直朝着自己逃跑用的小车走去。9时2分整，炸弹"轰"的一声引爆了。

　　瞬间，周围立刻呈现出了一派战场景象。穆拉联邦大厦的1/3被炸成瓦砾堆，只剩下一些楼板像薄饼似的悬在空中晃荡。几十辆小车被烧毁，周边 300 多座建筑被摧毁或者受到严重破坏。

死亡人数异常惊人：共 168 人丧生，其中包括 19 名儿童，数百人受伤。这次恐怖袭击是美国历史上最为严重的本土恐怖袭击。

紧接在纽约世贸中心爆炸两年之后，媒体与美国人很快就将矛头指向了中东恐怖分子。联邦调查局及时赶到现场并开始救援行动和调查恐怖袭击的真相。他们在瓦砾堆和扭曲的钢筋当中发现了犯罪线索。调查局决定要找到这些犯罪证据。

这没用多少时间。4 月 20 日，莱德卡车的后轮轴被找到了，上面有堪萨斯州一家汽车修理店的标记。这家公司的雇员帮助联邦调查局特工拼出了租卡车者的画像。随后特工开始拿着头像挨家挨户在该城镇附近询问，当地旅店员工提供了嫌疑人的名字：提姆·麦克维。

4 月 21 日，西弗吉尼亚调查局犯罪司法信息服务处接到电话，得知令人惊讶的信息：麦克维已经在监狱里了。因为麦克维驾驶的黄色水星侯爵汽车拍照是偷来的，他在俄克拉荷马城北面 80 英里的地方被俄克拉荷马州边界骑警拦住。他身上藏有一件武器并被逮捕。那是在爆炸发生之后 90 分钟的时候。

从骑警那里获得了更多证据。特工在麦克维身上发现了现场炸药成分以及一张名片上写了"TNT 炸药棒 5 美元一根，要更多的货"。他们了解了麦克维具有极端主义理想以及他对于两年之前维科城事件的愤怒。他们发现麦克维一名名叫特里·尼寇斯帮他制造了炸弹，还有另外一名迈克尔·佛提尔也知道这次炸弹袭击阴谋。

爆炸现场很快就得到妥善处理，但是取证调查却成为了调查局历史上最为漫长的一次调查活动。调查找遍所有证据以确定所有罪犯都被找出来。案子结束时，调查局一共进行了28000次询问，找到43000条线索，收集了重量达到3吨半的证据，并记录下接近10亿份总结。可见这个案子的调查有多么艰难。

最后，麦克维被逮捕并判有罪。

5. 无目的犯罪：遁世的炸弹狂人的不归路

如何去抓捕一个心灵扭曲的，追求完美犯罪技术和匿名杀手的犯罪天才？他使用无法追查到源头的材料制造炸弹，并将炸弹寄给那些毫不相干的人，他总是给当局和调查者留下引向错误方向的线索，他隐者一般遁居在蒙大拿山岭之中，而且从不与其他任何人谈及自己的犯罪秘密。

这是当时联邦调查局以及国内其他执法机构面对的挑战，调查局用去大约20年时间来追踪这个孤独的炸弹之狼。

这个家伙就是1978年第一次因为爆炸案而被联邦调查局盯上的西奥多·卡钦斯基。当时他在芝加哥大学用原始的自制炸弹进行一起爆炸案。17年之后，他采用邮寄或者手工递送了一系列复杂的炸弹炸死3人炸伤24个人。他一路炸来，在美国民众当中散布

卡钦斯基和他在山林里隐居的小屋

恐慌和威吓，甚至扬言要把美国在空中的航班炸毁。

1979 年，联邦调查局牵头酒类及枪支弹药管理局、美国邮政监察处成立了"匿名炸弹狂"特种分队，专门调查大学以及航班炸弹。特种分队最终发展为 150 名全职调查员、分析师以及其他专家的队伍。特种分队在查找线索时，仔细检查所有可以发现线索的炸弹组件证物并对幸存者进行仔细研究。结果让特种分队很沮丧，根本找不到任何有用的鉴别炸弹狂的证据，这家伙精心消除了可以作为法证得线索，用的是几乎随处可见的材料来制造炸弹。而这些受害者则是从图书馆里面随机查找和选择的。

调查员相信这个匿名炸弹狂是出生于芝加哥后来在盐湖城和旧金山附近地区长大。最终这些猜想被证实。对他的职业猜想则充满了混乱，有的认为他是飞机修理工程师，有的认为他是科学家，也搞不清炸弹狂到底是男是女，尽管很多联邦调查员相信这家伙很可能是男性，他们也对其他几名女性嫌疑人进行了调查。

1995 年调查取得重大突破。这个匿名炸弹狂终于忍受不了自己的杰作不为人知的寂寞，给联邦调查局邮发了一篇 35000 字的文章，申明自己进行爆炸的动机和他对现代社会存在的问题的看法。在与炸弹狂徒多次讨论并表示对其智慧"折服"之后，调查局长路易斯·弗利和司法部长珍妮特·雷诺同意特别小组建议，将该申明印制发布以期有读者能够认出这篇申明的作者。

当这篇申明在《华盛顿邮报》以及《纽约时报》等报纸上出现之后，数以万计的人都在猜测可能的可疑人物。其中一个人的猜测引起了调查局的注意：戴维·卡钦斯基指出他那个麻烦的哥哥特德·卡钦斯基是在芝加哥长大，在加州大学伯克利分校接受教育（在伯克利校区安置了 2 枚炸弹）。他后来在盐湖城住了一段时间，后来定居到蒙大拿州林肯市附近由他几位兄弟为他建的粗糙的 10×14 英尺（3×4.2 米）的小屋里。

最为关键的是，戴维向调查局提供了他哥哥写的信和论文。调查局语言分析家认定这些信件和那份申明的作者极可能是同一个人。结合收集的有关爆炸的证据和卡钦斯基的生活，分析家为开具搜查令提供了基础。

1996 年 4 月 3 日，调查员逮捕卡钦斯基并搜查他的小屋。那里，他们发现了大量的炸弹部件；还有 40000 份有关于炸弹制作的笔记

以及匿名炸弹狂犯罪描写的杂志；还有一个已经准备好邮寄出去的
激活了的炸弹。

卡钦斯基制造的恐怖终于完结了。他的新家，1998 年被宣判有
罪之后，在科罗拉多州专门关押"顶级危险罪犯"的一个单间里。

6. 重拳出击，消灭街头匪帮

美国街头匪帮的历史是一部又长又臭的历史。匪帮历史可以追
溯到殖民地时期。过去的两个世纪以来，匪帮不断变化变种为无数
新的种类，从种族主义团体到各个城市匪帮，直到在全美国各州落
地生根；影响到街坊邻居、学校、印第安土著保留地甚至军队；涉
及偷窃、谋杀、贩毒以及其他各种类型的犯罪；在世间制造无数暴
力谋杀和令人心碎的恶行。

多年以来，美国匪帮都是在当地活动并且遵守州和当地权威的
法制，但是 20 世纪初有一些黑帮开始在全国各地生根发展并呈现
国际化趋势。到 20 世纪 90 年代调查局调查全国性的几个大的匪帮
组织，像瘸子与血帮、牙买加帮和摩托暴走族。调查局在一些地方
分局建立了反帮派中队并利用联邦反敲诈勒索法沉重打击有组织犯
罪活动。

在一系列成功的多部门合作反有组织犯罪的调查活动中，通过

各个执法部门的通力合作，1992 年司法部和调查局在 39 个城市建立新的"平安街区特种部队"。这些特种部队有各个层面的调查员和检察官，他们融合各种资源、信息及各个机构的独到的专家系统形成打击黑恶势力的合力。1993 年，联邦调查局公布了打击全国性黑帮的战略，正式在联邦法之下使用严厉的判决和敏感调查技术来判定和追捕那些极端危险的黑帮。

道高一尺，魔高一丈，黑帮顺应着国际化和全国化的大潮流变化。M-13 国家反黑帮特别部队支援联邦调查局对 M-13 国际匪帮的调查活动，这个匪帮发源于萨尔瓦多。从 2004 年开始，特别部队与联邦、州、市分局共同对付 M-13 匪帮分子。在中美洲和美国 30 多个州的 M-13 匪帮成员和下属都被认出来，他们已经现身休斯敦、洛杉矶、纽约、华盛顿等地。指认萨尔瓦多和其他邻国的匪帮成员得益于 2006 年 5 月启动的中美洲指纹采集活动。在这个活动下，墨西哥、萨尔瓦多、危地马拉、洪都拉斯伯利兹市采集的罪犯指纹和其他生理特征数据都被录入联邦调查局数据库，这样方便美国执法部门和其他相关国际执法机构来查询。现在匪帮更加多元化，对于犯罪更加娴熟，在小城市和小城镇更加根深蒂固地建立了组织，并且在全国乃至全世界建立起了强大的网络。联邦调查局以及其他执法机构与时俱进，采取新的反黑战略和手段。调查局与其他部门一起建立了一个多部门合作的特种部队打击暴力团体 MS-13，还建立起全国反黑情报中心整合全国执法部门提交的最危险的黑帮组织的情报。调查局以及其他执法部门还充分利用现代射击探测感应器以及其他制图软件来利用现场情报精确描述犯罪现场（美剧《犯罪现场鉴证 CSI》里面就有很多类似设备和场景）。同时，联邦调查局主导的平安街区活动逐渐得到加强，匪帮势力遭到强力压制。到 2008 年 4 月，全国共建立 193 支平安街区特种部队，其中有 141 支是专门对付暴力帮派的。

7. "基地"组织袭击驻东非大使馆

"肯尼亚爆炸／坦桑尼亚恐怖爆炸"指的是 1998 年 8 月 7 日在东非肯尼亚和坦桑尼亚首都几乎同时发生的两起爆炸袭击案。超过 220 人被炸死，包括 12 名美国人，4500 人受伤。现场受伤的人们态度坚决，发誓一定要把这些家伙绳之以法。

联邦调查局派出 900 名特工到两个现场搜集证据，鉴别受害者遗体，与非洲同僚协作找寻恐怖分子。特别是在联邦和国际合作伙伴帮助下对 4 名参与爆炸案的"基地"分子进行识别、逮捕并押解到美国。在法庭上 4 名犯罪分子都被认定有罪并判终身监禁。其他嫌疑人或被捕或被击毙。

8. 美国驱逐舰科尔号亚丁港遭袭案调查

　　东非大使馆爆炸是 9·11 事件之前最为致命的恐怖袭击，但它不是唯一的一起。2000 年 10 月 9 日，隶属美国海军大西洋舰队"乔治·华盛顿"航母编队的"科尔"号驱逐舰穿过埃及苏伊士运河进入红海。三天后，这艘 1990 年代建造的最先进的驱逐舰抵达也门的亚丁湾，准备补充燃料。2000 年 10 月 12 日，恐怖分子驾驶一辆摩托艇冲向正停靠在也门亚丁港内加油的美军科尔号驱逐舰。当地时间 11 时 18 分，一艘满载炸药的橡皮艇突然从侧面驶近。尽管当时甲板上有水兵武装执勤，但是橡皮艇仍成功靠近舰艇，以全速撞上左舷舯部的水线部位，将左舷炸开一个长十二米、宽四米的大洞。巨大的破口导致海水大量涌入舰内，军舰向左倾斜最多达四十度，舰面甲板也一度入水，动力系统失灵。虽然舰上官兵最终控制住了倒灌海水，避免了舰艇下沉，但仍有 17 名官兵被炸身亡，另有 37 人受伤。

　　美国迅速派出 100 多名由反恐处、联邦实验室及其他领域的特工前往也门。调查局长路易斯·弗利随即赶到也门对局势进行评估并会见了也门总统。11 月 29 日，美国与也门政府签署一项旨在询问目击者和嫌疑人的指导性文件。联邦调查局与也门调查机构开始

科尔号驱逐舰被装载到布鲁·马林号驳船上

询问，发现的大量物证被送往联邦调查实验室进行检验。

　　调查局的摄影师拍下了犯罪现场照片帮助识别出受害者并提供详细的照片信息以分析爆炸冲击影响。之后，从联邦调查实验室的人员与纽约和杰克逊地方局的炸弹专家一道前往密西西比州帕斯卡高拉市的英格斯船厂，科尔号被送到那里查找新的证据。

　　经过联邦调查局广泛调查后确定是"基地"组织成员计划并实施了这一爆炸案。在也门军警合作下，最终将策划袭击的"基地"分子逮捕归案。联邦调查局最终确定犯罪嫌疑人就是"基地"组织也门分支的人。

9. 危机处理的重大教训：维科城和鲁比山脉事件

两件事情发生在 1992 年末 1993 年初，对联邦调查局后来的政策和行动产生了极大的影响。

1992 年 8 月份，联邦调查局对在爱达荷州鲁比山脉一名正在调查联邦通缉犯兰德尔·威佛的副司法官被枪杀进行反击。在紧接着的僵持中，通缉犯威佛的妻子被联邦特工狙击手意外狙杀。

维克城复合式建筑起火后，80 名大卫教徒被烧死

　　8 个月后，偏远的德克萨斯州维科城的一座复合式建筑，联邦特工准备结束与宗教组织大卫教分支长达 51 天的僵持局面。这些宗教分子持有重型装备，并且杀害了 4 名酒类及枪支弹药管理局的警官。联邦特工向楼内发射催泪瓦斯后，特工们被宗教信徒们在复合式建筑中放火的举动惊呆了。尽管很多联邦特工献出自己的生命去抢救信徒们，最终还是有 80 名大卫教徒葬身火海。众多人员的死亡的确是极大的悲剧。但是反复的调查证明，调查局的人那天既没有开枪也没有点燃那把最终将那座复合式建筑吞没的大火。

　　然而，这两件事情使得公众和国会开始质疑联邦调查局是否有能力来应对危机情况，直接导致联邦调查局危机事件反应小组在 1994 年正式成立。这个小组将联邦战术和调查专家整合到同一个单位来处理应对危机事件。经过这次事件之后，调查局加强了谈判技巧，比如在 2005 年发生的蒙大拿僵持事件中最终通过谈判和平解决危机事件。

10. 那些差一点就发生的恐怖袭击

　　20 世纪 90 年代，国际和国内恐怖分子在国内和海外对美国进行了一系列致命的和毁灭性的恐怖袭击。但是又有谁能够清楚在这

10 年间联邦调查局和其他执法机构合作阻止了 60 起恐怖袭击，包括了一些毁灭性的袭击行动。

下面就简单罗列一下那些被阻止的恐怖袭击行动：

1993 年 6 月 24 日，纽约联合反恐特种部队紧追 1993 年世贸中心爆炸案和早期调查，联邦调查局的武装特种小组以及纽约市警察局拆弹组扫荡当地的一个停车场并逮捕了一群策划爆炸行动的国际极端分子。他们计划炸毁美国纽约一系列地标性建筑——联合国大厦，荷兰与林肯隧道，联邦调查局所在的联邦大厦。

1995 年 1 月，菲律宾警方扑救马尼拉一所公寓房由阿布达尔·穆拉德和拉姆齐·由塞夫意外引起的火灾，由塞夫就是 1993 年世贸中心爆炸案的主谋。后续的搜查发现由塞夫以及他的叔叔哈立德·谢赫·穆罕默德以及其他恐怖分子正在策划一系列重大袭击事件。其中两起阴谋分别是谋杀教皇保罗二世和使用从亚洲飞往美国的 12 架班机摧毁美国境内的 12 座商业建筑。1995 年 2 月 7 日，由塞夫在巴基斯坦被捕并送回美国受审。

1997 年 7 月份，联邦调查局和德克萨斯州、科罗拉多州、堪萨斯州等地的执法机构合作，制止了一起由右翼极端分子试图袭击在美军德克萨斯州胡德堡基地训练的联合国军队的阴谋。7 月 4 日，联邦调查局与德克萨斯州警察在胡德堡 40 英里处逮捕了布莱德雷·格拉佛和迈克尔·多赛特。随后的搜索发现了他们囤积了大量武器，爆炸物、个人防护盔甲以及迷彩服装。其他同谋犯在随后几天通通被逮捕。

1999 年 12 月 3 日，阴谋袭击加州两个巨型丙烷罐体被识破，两人因从属于反政府组织并且装备大量武器和炸药被萨克拉门托市联合反恐小组逮捕。第 3 名同谋后来也被追踪和逮捕。据估计，如果两个气罐爆炸将造成广泛蔓延的大火，至少将导致 1.2 万人死亡。

1999 年 12 月 14 日，阿麦德·热山，34 岁的阿尔及利亚人，在美加边境驾驶一辆满载炸药的汽车被拦截。后来他承认正准备在千禧年前夕炸掉洛杉矶国际机场。联邦调查局在阿尔及利亚吉加拿大官方协助下的调查，显示热山是"基地"成员并参加过"基地"组织训练营，从属于"基地"组织加拿大分支。

11. 只有永恒的国家利益：对付盟友内部的敌人

柏林墙被推倒了。冷战也随之结束。那么似乎没有必要担心任何人来偷窃美国的秘密，真的是这样吗？错的离谱了。没有永恒的朋友，没有永恒的敌人，只有永恒的国家利益。这句话好像是某位伟大的人物说过，但我记不得了。事实证明，美国面临的间谍威胁更甚于冷战时代美苏情报间谍战。威胁现在不再像冷战时期那样只来自于一个方面——苏联。现在的间谍威胁来自于方方面面。传统敌人现在开始寻求重新建立起军事和经济力量，以牺牲美国相应利

益为代价。而更多国家则期望得到美国的秘密以确保在不断变化的
国际环境中保住自身经济、军事地位或者两者兼顾。

从 20 世纪 90 年代到 21 世纪的这几年间，联邦调查局重新聚
焦于反间谍战略，从而更好地适应新的世界秩序。反间谍战略关注
新的正在上升的威胁——经济间谍。这段时期，仍然保持了对于传
统性质的情报间谍的关注。在 50 多个因间谍罪被捕的人当中有四
个属于"鼹鼠"类间谍：在美国情报部门工作，同时又为俄罗斯情
报部门当间谍——中情局的阿尔德李希·阿梅斯、哈罗德·尼克尔森，
联邦调查局的厄尔·皮茨和罗伯特·汉森。

特别是当汉森 2001 年 2 月被逮捕后，调查局从根本上改变了
反间谍调查的管理工作，包括将调查对象更加集中关注联邦调查局
总部。调查局建立并完善了对人员、信息及物质安全方面的安全管
理制度。

12. 相映生辉：联邦调查局与好莱坞电影

尽管不是联邦调查局交付的任务，神秘、悬疑小说或者电影的
最终结局都是坏蛋被逮捕，联邦调查局探员成为了美国流行文化的
一部分，出现在无数电影、小说、电视剧、广播节目、娱乐杂志甚
至是连环画中。

其中值得一提的时刻有：

1935 年，吉米·卡尼出演彪悍、机警的联邦特工布瑞克·戴维斯英勇追击杀害了自己朋友的匪徒。该片的成功使得"联邦干探"一词家喻户晓。这是联邦调查局首次出现在银幕上，影片的巨大成功引发了一系列类似电影的上演，从《头号英雄》到《92 号街的房子》等等都大获成功。

1959 年，吉米·斯图尔在《联邦调查局故事》中特扮演一名和蔼可亲，工作十分努力的联邦特工奇普·哈德斯提。电影改编自同名小说。

最初的电视秀节目《联邦调查局》从 1965 年到 1974 年间将小艾福瑞姆·基马布里斯特塑造成调查局的标志符号。

在 1982 年播放搞怪联邦调查局的搞笑电影《我是蛇神》，被奉为向联邦调查局致敬的经典之作。故事里的阴谋是：联邦特工通过喷射世界上最流行的软饮料可口可乐来拯救地球，以防止外星人将人类变成蛇类。

80 年代末，借助诸如《未解谜案》和《美国顶级通缉令》等大众欢迎的节目，电视节目成了抓捕骗子恶棍的强力手段。这使得联邦调查局成功地得到民众的帮助以确定那些在逃犯和失踪的人的踪迹。自从 1988 年开播以来，《美国顶级通缉令》帮助执法部门逮捕了 1000 多名在逃犯。

《沉默的羔羊》成为当年电影银幕上的重磅炸弹，影片中联邦特工克拉赖斯·斯大林（朱迪·佛斯特主演）使用当今广泛运用的法证科技手段——犯罪侧写来比对查找极为狡猾、邪恶连环杀手汉尼拔·莱克特医生（安东尼·霍普金斯主演）。随后另外几部描写类似人物的小说被搬上银屏。

1993 年，在长期卖座的 X 档案系列电影中戴维·杜乔夫尼和吉利安·安德森扮演追踪外星人的联邦探员福克斯·穆尔德和丹纳·斯卡利。他们总是在无望地追寻真相过程中说："真相往往就在那意想不到的地方。"

1997 年在电影《丹尼·布拉斯科约》中翰尼·德普扮演纽约分局的特工乔·皮斯通，影片基于皮斯通回忆录真实再现了皮斯通卧底深入黑手党内部成功解开黑手党秘密的故事。

2009 年，约翰尼·德普和克里斯蒂安·贝尔主演的黑帮片《全民公敌》公布了首款海报。这部将于 7 月 1 日登陆院线的电影也正式启动了宣传攻势。《全民公敌》由环球影片公司投资，影片根据上世纪 30 年代发生在美国的一桩真实事件改编，讲述了黑帮头目

2010 年 3 月 4 日上映的《联邦调查局》宣传海报

迪林格和联邦调查局探员普维斯生死缠斗的冒险故事。

今天，联邦调查局仍旧是小说题材和银幕的最爱。联邦调查局身影在电视和电影不断以匡扶正义化身的形象出现，包括《法医鉴骨》、《犯罪思维》、《第3号》、《无迹可寻》系列节目中。同样在9·11之后的电影《王国与不可追踪者》等电影中，联邦调查局也是以正义象征出现。但这些影视作品很少表现联邦调查局真正的运作模式，所有电影都是虚构的，但调查局也经常与各种制作人、剧作者以及小说家合作使得拍出的影片看起来尽可能真实。

13. 取新名搬新家，信息服务大升级

罪案信息服务处大楼

罪案信息服务处与 1997 年 7 月，搬进西弗吉尼亚市新建的克拉克斯堡的一栋大楼。这栋巨大的复合式建筑是犯罪信息服务处最主要的升级，因为 1992 年该处才从 1924 年建立的鉴证处和其他机构中独立出来。

这次搬迁升级使得罪案信息服务处（CJIS）能够担负新的责任并且提升新能力。比如说，在实行"布拉迪法案"当中，1998 年 11 月启动的全国快速犯罪背景检查系统，能快速检测枪支购买者是否合法拥有枪支和弹药，防止枪支落入危险任务手中从而保护了民众。次年，全国罪案信息中心升级之后，能够将庞大的罪案信息库传送到执勤警官的巡逻车或办公室的手上。1998 年罪案信息服务处开发了一套自动指纹识别系统，只要提交指纹立即就能够在全国指纹与罪案历史系统查找与之匹配的信息。

14. 联邦特工重要的一课：道德教育

调查局对于保障曾誓言保卫的每一位公民的自由有多认真？联邦调查局的确很用心培养特工的责任感。调查局要求每一个新进的特工必须参观在华盛顿特区的大屠杀纪念馆。参观之后，新特工们还与纪念馆代表讨论为什么纳粹党在 1933 年凭借公民政治选举夺取了政权，也深深领悟到当执法机构不同情弱者和维护公平的时候将会有多么的恐怖。

2000 年 4 月开始教学，在特工们身上产生了持久而有益的影响。后来该课程被拓展，在反诽谤联盟领导下，它成为了调查局高级领导人以及在联邦调查学院学习的高级警官的学习课程。90 年代中期，调查局制定颁布了一系列新进特工和其他职员执法道德的条例规范来约束和教育新的特工。

国家安全新时代

2001—2008 年

从波士顿起飞穿越马萨诸塞州中部上空的美航 11 号班机正在进行它的最后一次飞行，途中一小撮中东恐怖分子迅速占领了驾驶室并控制了这架飞机。劫机时间：2001 年 9 月 11 日早上 8:11。

拉登震撼全世界：9·11 惊天恐怖爆炸案

到上午 9:37，11 号航班与其他两架被劫持的飞机撞进世贸中心双子楼和五角大楼。10:03，因为机上乘客英勇反抗，被恐怖分子劫持的第 4 架飞机最终一头栽向宾夕法尼亚州乡下的田野里。至 10:30，恐怖袭击造成3000 多人死亡，他们以各种各样极端恐怖的方式，在爆裂的火球当中和倒塌的塔楼下死去。

美航 11 号航班波音 767 大型客机，从波士顿出发前往洛杉矶市，最终撞击世贸中心北塔

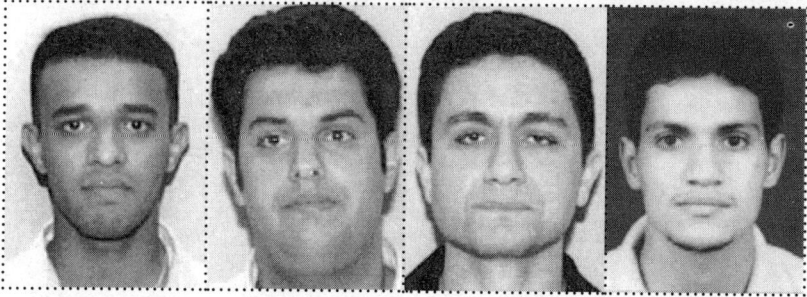

萨塔姆·速洽米　　瓦利德·阿谢利　　默罕默德·阿塔　　阿布达拉奇·阿罗
马利

美航 77 号航班，机型：波音 757 大型客机，早上 8:10 从杜蕾丝市出发前往洛杉矶市，9:39 撞上五角大楼。这是谋杀犯罪，蓄意地有预谋而且冷血无情的谋杀。

卡利德·阿米达尔　　马杰德·莫切　　纳瓦夫·阿哈兹米

萨勒姆·阿哈兹米　　哈尼·汗居尔

2001 年 9 月 11 日展开的恐怖袭击，由"基地"分子依照乌萨马·本·拉登的指令实施。他们的袭击造成了美国历史上最大的谋杀案，对平民的大屠杀、公开的挑衅和战争，人员伤亡和造成的破坏已经远远超过了日本海军偷袭珍珠港。

联航 93 号航班，机型：大型波音 757 客机 8:42 离开内瓦克市前往旧金山市，10:03 坠毁在斯通尼·克里克镇。

赛义德·爱哈姆迪　艾哈迈德·易卜拉欣　阿迈德·阿纳尼　萨米尔·加拉

联航 175 号航班，机型：波音 767 大型客机，7:58 离开波士顿前往洛杉矶市，9:05 撞向世贸大楼南塔。

马万·阿谢希　阿迈德·艾哈姆迪　哈姆扎·艾哈迈迪　莫汉德·阿谢利

9·11 事件的发生，对于联邦调查局，对于全美国而言，标志着国家安全新的时代来临。

局长罗伯特·米勒很清楚调查局面临现实的安全威胁。2001年9月4日他上任联邦调查局局长，他被授权对调查局改革和现代化改造，特别是在联邦调查局经历了特工罗伯特·汉森变成苏联间谍、俄克拉荷马城爆炸案档案记录管理不善等事件打击之后。但是一个星期之后，他的工作形式发生了翻天覆地的彻底改变。

9·11当天早晨和随后的几天，米勒集中精力让全联邦调查局展开24小时不间断的调查。很快这次调查就成了联邦调查局有史以来最大规模的行动，全局1/4的特工和工作人员直接参与了调查活动。当务之急最紧要的是尽快确定没有第二波劫机分子试图再次袭击美国。

联邦调查局自身的改革和对9·11事件的调查工作两方面的行动都非常成功。联邦特工和分析专家很快鉴别出19名劫机者身份，掌握了有关9·11袭击阴谋的内幕，并且收集到9·11恐怖袭击与"基地"组织策划之间关联的确切证据，所有行动都消除了美国安全漏洞，并防止恐怖分子的进一步袭击活动。

但米勒局长深知，当一切尘埃落定之后，联邦调查局早已不如以往辉煌了，内部改革势在必行。9·11恐怖袭击让联邦调查局的形象轰然倒塌，正如记者汤姆·佛莱德曼所说的，美国安全部门竟然对这么恐怖的阴谋没有察觉。新局长罗伯特·米勒和他的班子必须重新塑造联邦调查局21世纪能够维护国家安全和秩序的新形象。

尽管联邦调查局在应对犯罪和处理危机的技术和战术依然是

第一流的，但9·11恐怖袭击说明调查局应对国家安全威胁的顶层战略能力还有待改进。联邦调查局必须更具前瞻性，更具预见性，必须能够在下一次威胁之前采取行动，最重要的是，必须能及时阻止恐怖袭击，而不是放马后炮，在恐怖袭击之后再调查犯罪现场。

为了能够完成新使命，局长米勒深知关键是把握好情报工作。联邦调查局情报工作是国家安全工作的神圣职责，主要是搜集与将零星信息联系起来，掌握敌人情况以及他们对美国造成的各种威胁，为上至总统下到街道巡逻警察提供信息情报服务，以便美国国民能够在恐怖行动开始之前防患于未然。联邦调查局自1908年创始就开展情报调查工作，它利用情报工作和以情报为线索在第一次世界大战中完全消除了刚冒头的安全威胁；二次大战时期及时破坏了纳粹间谍链；冷战时期让苏联间谍无处遁形；七八十年代摧毁了整个有组织犯罪家族的势力；在9·11袭击之前破坏了数十起恐怖袭击阴谋。

但多年以来，联邦调查局只关注快速逮捕嫌疑人，而不重视把嫌疑人作为搜集威胁的情报信息的来源。只知道忙活一大堆的案子而不知道采取积极措施，预防案件中呈现的主要问题的发生。教训深刻，无数事实证明，防患于未然是打击犯罪和治病救人的最佳途径。当世界已经进入到信息时代的时候，联邦调查局仍然保守地坚持长期以来极其排斥新时代信息技术的做法，致使联邦调查局信息处理能力薄弱，很难将外部搜集到的情况加工成为有价值的评估和实用的情报信息。调查局无法搜集和处理足以满足局内外需求的情报和共享信息。

9·11袭击后数月，信息处理技术大量得到应用，联邦调查局的情报工作开始大幅改善，通过自己调查得出的结论，广泛吸收9·11委员会以及其他机构的报告，联邦调查局迅速将自身改组成为对情报反应迅速的机构，反恐能力大幅提升。

主要有下列3个方面的改进：

一是从联邦调查局构成方面，整个反恐行动部门进行重组并扩大了，调查局总部总揽全国恐怖分子档案，加强了其情报机构和政府情报机构互通和协调工作。2005年9月，根据总统布什的要求，联邦调查局的重组又迈出了一大步，旗下建立国家安全分局，整合联邦调查局反恐、反间谍，情报职能成立一个独立的"局中局"。

二是从实际操作方面，联邦调查局注重全方位提升工作效率，在各地方分局，调查局将联合反恐特别是部队全能特工人数加倍或最终增至3倍，所有人都受过良好的培训。这些来自于执法和情报机构的充满激情的调查员、分析家、语言专家、拆弹专家被授权追踪调查所有可疑线索，他们是情报搜集反馈的交汇点。在华盛顿，特别反恐小组在联邦调查局新成立的国家联合反恐特别部队的支持下，为各地反恐小组和参与机构提供情报服务。联邦调查局首次建立了一支由金融专家组成的专业队伍追踪恐怖分子的金钱流动，建立了"反恐观察"全球指挥中心来消除和调查出现的威胁和可疑活动。"反恐观察"指挥中心采用危险评估和追踪手段在边境阻止恐怖分子入境，并在美国本土找到恐怖分子踪迹。

三是从技术方面讲，调查局特工、分析专家及其他人员广泛采用信息技术，建立便于对恐怖分子数据查找的电子数据库，利用网络信息管理系统使得查找案例和共享数据记录更加方便。

最终，依赖情报指导调查和执法工作的方法通过种种新举措深深植根于联邦调查局各个方面。

新的情报办公室最终扩张为羽翼丰满的情报理事会。2001 年10 月成立后负责下列事务：情报政策和处理标准化；招收新人才和升级培训；为分析专家提供职业规划；设立报告官员专门负责查清情报来源并广泛发布情报。两年之内，地方分局都建立了情报组从本地案件中查出原始信息来综合考量，填补了全国性案件与地方案件情报之间的缺口，并且尽可能地共享这些发现和评估结果。这种变化带来的结果，就是联邦调查局越来越灵活地运用自己的情报，形成了更多更好的分析报告，在各个层次都能够得到更多共享信息，通过各种方式将原来难以处理的分散信息联系起来。

最为重大的突破来自国会和法院。部分归因于司法解释的限制，在 9·11 之前情报工作与犯罪调查之间存在一堵法律的"围墙"，使得联邦特工们和分析专家对于他们同事所做的工作一抹黑，并且防止最为重要的证据送达法院。在 9·11 袭击之后，根据新的司法规定和法院决定，这堵"围墙"被拆除了，这个行动影响非常深远。调查局可以自由地协调情报活动与犯罪案件并且可以运用所有调查手段来对恐怖嫌疑人进行调查。现在分析专家和特工们都知道对方在做什么工作了，现在特工和分析专家必须做好预防犯罪案件工作。

另外一条就是必须加强合作。联邦调查局花了一个世纪来建立，积极地加强与政府各个层面甚至是海外执法和情报工作合作联系。自9·11发生后，集体决定为了打击恐怖主义和全球犯罪，这种合作更进一步深化和广泛。在各个层面合作都得到提升：与州、市、部落执法部门合作；与外国政府部门合作；与情报机构同行比如中央情报局CIA合作；与美国军队合作；与私人部门和学术界加强了执法和情报合作。现在可以说同行之间的情报共享更为广泛和自由。在全国几十个数据情报融合中心和多机构的全国反恐中心，更多特工和警官、分析专家都集中坐到了一起。联合调查员与联合特种部队成为了标准，特别是在美国本土，海外联合行动也在增加。联邦特工现在历史上首次与美国军队一同出现在海外战场。有效地合作并没有成为新闻焦点，但是他们的确是联邦调查局与其同行们在全球活动中第一批敢于吃螃蟹的人。

调查局改变和改革当中影响最大的是在美国和海外取得的重大胜利。有时是提供了关键的情报，有时是参与了危险的海外搜捕行动，联邦调查局协助抓到了"基地"组织领导人——在巴基斯坦等地抓获9·11阴谋活动的主谋：从哈利德·穆罕默德到阿布·祖贝达。经常是牵起萝卜带出泥，抓到一个以后牵出另一个，再牵出下一个，不断找到有关恐怖威胁新情报线索，暴露出正在实施的活动以及藏身之所，有的时候这些恐怖分子正在策划袭击活动。

通过这些改变，联邦调查局成功地阻止了全球数十起恐怖袭击阴谋，这并不是全部用公开手段来达成。通过其反恐特别部队的努力，联邦调查局制止了本土恐怖分子炸毁旧金山市的军事基地和犹太教堂的阴谋；阻止恐怖分子炸毁纽约肯尼迪机场油罐的阴谋，以及袭击新泽西迪克斯堡军营战士的企图，还阻止了袭击伊利诺伊州和俄亥俄州郊区购物城。联邦调查局清除了布法罗市、波特兰市和弗吉尼亚等地的本土恐怖分子威胁。调查局还把"鞋子爆炸犯"理查德·莱德关进了监狱，他试图在大西洋上空炸掉一架班机。莱曼·法里斯，他是一名俄亥俄州的卡车司机，向"基地"组织提供美国目标的情报，同时也查到了一大群恐怖分子的支持者和资助者。

即便在调查局将反恐摆在首位的时候，从根本上改变了调查局的办事模式，传统犯罪威胁正在朝着危险的方向变异，不得不加以高度关注。街头匪帮依旧破坏和暴动，并且不断壮大扩张到全国。对于大公司的会计欺诈的严格审查搞垮了多个对老百姓欺诈的大型公司。其中有安然公司，世界通信公司，奎斯特公司等，它们从股票持有者手中圈走数百亿美元。贪腐成为联邦调查局犯罪调查工作的重中之重。因为腐败破坏了美国的民主，联邦调查局查到在职国会议员，州长，大城市市长预算作假和贪腐的证据之后，贪腐的势头仍旧没有减退。虽然全国暴力犯罪总体在减退，但从 2004 年开始有多个城市犯罪率开始逐年上升。

9·11 之后联邦调查局必须就任务分配作出痛苦的选择，为完成它所担负的防恐与反恐任务，它必须派出 1000 多个特工去执行国家安全任务。那就意味着联邦调查局不得不把调查处理一些罪案的任务，比如抢劫银行、小额支票诈骗和毒品调查等任务交给其他兄弟单位。可真是心有不甘啊！几十年来花多大代价用生命和专业精神争取过来就这样交给其他部门了。

新任局长米勒决定将调查局处理国内犯罪的主要目标转向那些最重大的威胁——联邦调查局最擅长处理的非法大型国内和跨国集团和它们的重大犯罪活动。处理国内犯罪的战略，如同其反恐战略一样，必须充分重视利用情报来指导行动，并与其他情报机构的专家加强合作。

这个新的战略很显然被运用到了每一个调查当中：建立零售店协作执法网络来打击快速增长的有组织零售店偷窃行为；创建全国匪帮情报中心，利用全世界各地搜集到的信息，来定位那些最为危险的街头匪帮；发起了新的改进的网络项目倡议和多国合作，充分发挥集体和个人的聪明才智来进行犯罪调查。

在很大程度上，调查局正加速转变进化成为一个独立、一元化的执法和情报实体，通过在执法领域的规范行动和程序，将情报工作融入调查当中。每个地方分局都必须系统地评估自己辖区内面临威胁和脆弱性，提前部署力量搜集有关威胁的情报，尽快地在本区域和全国范围内将情报与合作单位共享，并且在宏观层面上对于掌握的信息进行威胁评估。通过这样不间断的情报循环，联邦调查局能够很好地对付新涌现的威胁。

9·11之后的几年间，联邦调查局经历漫长的改革历程，它的反恐能力提升到了全新的水平，联邦调查局建立起了历史上最为强大的跨机构跨国合作关系。它为自己的特工和专业人员提供一系列现代技术手段。现在的联邦调查局防止和调查恐怖袭击的技术异常熟练，运用掌握的情报可以使得调查局先于坏蛋一步采取行动。100 多年来，联邦调查局一直在调整中适应新的形势和任务，9·11之后调查局的改变代表了联邦调查局历史上最为活跃的转型。

然而，联邦调查局的征程远未结束，还有一大堆工作必须改进，更多的技术手段仍待开发，更多的科学方法仍需它来引领，更多的能力要由它研发和提炼。如果说这 100 多年来调查局学到了什么，那就是随时随地解除国家安全面临的新的威胁。在联邦调查局的工作中，绝对没有能够骄傲自满的理由。

新的世纪，联邦调查局会有怎样的变化？只有静待时间老人来告诉你我。但是联邦调查局的全体人员势必在自身 100 多年情报调查和打击犯罪领域独领风骚的基础上更上一层楼。在百年历程中，它显示了极强的忠诚度和适应性，不断从挫折中调查和打击犯罪吸取经验教训。它建立起了完整的情报调查体系，足以应对任何威胁。在办案中，联邦调查局掌握了处理执法权力与维护美国人民自由权力之间矛盾平衡的丰富经验。

回顾百年联邦调查局对自身在维护民众与国家安全方面的成就足以自豪。面向未来，联邦调查局信心满满迎接各种新挑战。

1. 过目不忘：记忆力超强的古巴间谍

9·11袭击之后10天，调查局逮捕了一名44岁叫做安娜·贝林·门特斯的妇女。她的被捕和恐怖袭击没有任何关系，但是却和保卫国家安全的全局密切相关。

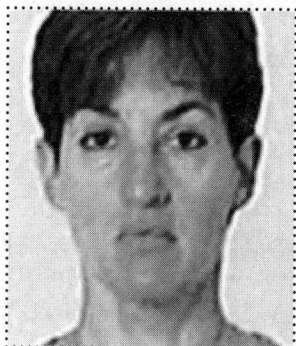

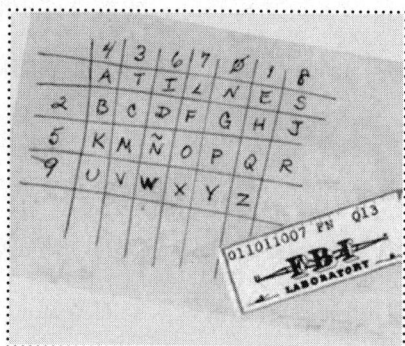

门特斯   古巴上线给门特斯的密码表格

门特斯，根据调查结果显示，是一名古巴政府安插在美国情报部门内部的间谍。作为一名国防情报局（DIA）资深情报分析专家，9·11袭击之后她很快就拿到了有关美国政府将在2001年10月即将进攻阿富汗塔利班的绝密情报，这在当时可是爆炸性的消息。

门特斯是国防情报局最高级别在职古巴问题分析的专家，此人在美国情报界以其在研究古巴问题领域的专长而著称。但没谁搞得清她是如何成为古巴问题专家的……也不清楚她将多少美国绝密军事情报泄露给古巴政府，还有她如何采用巧妙手法来影响美国政府对古巴的看法。

她被国防情报局招募和成为古巴间谍本身就是一个经典的神话。1984 年，门特斯在华盛顿司法部拥有一份书记员的工作。她经常公开批评美国政府关于中美洲的政策。不久，她的政见被古巴方面情报官员的重视。古巴情报部门认为门特斯同情古巴的事业。随后门特斯与古巴情报官员碰头了，门特斯答应帮助古巴。

她首先必须要找到一份在美国情报部门的工作来达成她的愿望。于是她向美国国防情报局递交了一份求职申请，该局是五角大楼情报的核心情报制作单位。看来美国鬼子没有认真的搞政审这么一档子事情，于是这个希望在美国军事情报部门帮助下，古巴的门特斯被国防情报局聘用。结果不费吹灰之力她就如愿进入了梦寐以求的核心军事情报部门，她从 1985 年开始在国防情报局上班，同时还是一个全职的古巴间谍。

这个间谍可不一般，门特斯相当聪明。为了逃避检测，她从不把任何类型的文件（电子拷贝或者纸质文件）带离自己工作场所。她用惊人的记忆力将情报细节都记下并在回家之后打到她自己的笔记本电脑里。然后，她再将情报转换到加密的磁盘里面。当她收到古巴方面发出的短波信号之后，她与接头人碰面并将磁盘交给对方。在国防情报局的这么多年里，国家安全官员了解她对外国政策的观点并且已经注意到她接触很多敏感信息，但是从来没有怀疑过她会泄露情报。她通过了测谎仪测谎。

她从 1996 年开始被安全部门盯上。当时一名警觉的国防情报局同事，凭直觉敏感，向安全官员报告他觉得门特斯是在古巴情报部门的影响下工作。安全官员对她进行询问，但她没有承认。

该安全官员将调查文件束之高阁直到四年之后，当他得知联邦调查局的人正在查找一个身份不明的在华府工作的古巴特工时才想起这件事。他向联邦调查局反映了他的猜测。在仔细回顾了事实之后，联邦调查局决定展开调查工作。

通过跟踪、电子监控和秘密搜查，联邦特工掌握了足够证据可以起诉门特斯。但特工们意在抓到她同时逮到她的古巴上线，于是决定放长线钓大鱼，在他们进行碰头交换情报的时候一网打尽。然而，由于发生了意外事件 9·11 恐怖袭击，对她的调查工作被挤掉，门特斯被安排去从事美国作战计划相关工作。联邦调查局和国防情报局决不允许那样的事情发生，她被捕了。

那么门特斯当间谍的动机到底是什么呢？纯粹是出于理想主义——她反对美国的外交政策。门特斯将绝密情报送出时没有收受古巴政府一毛钱，除了对她所花费的少量补偿。

门特斯亲自承认是她曝光 4 名在古巴工作的美国情报卧底人员。2002 年她被判有罪，判监禁 25 年。

2. 公司高管犯罪：安然公司欺诈案

2001 年 12 月安然公司宣布破产时，几乎将数万名雇员和持股者的全部身家都被欺诈案洗劫一空。联邦调查局休斯敦分局派出两名特工进行调查。数星期内，负责调查和处理这个案子的特工人员增加到 45 名，很多都从全国各地分局调过来，这些人擅长查处最为迂回的做假账痕迹。

这个案子是联邦调查局史上最大的白领犯罪案，在休斯敦和华盛顿特区专门组建了一个由检控官、特工分析专家构成的特别工作组，他们都是擅长在平衡表中查账并追踪金钱来龙去脉的高手。他们的工作任务：掌握公司高管是如何开展如此大范围的欺诈，用强有力的证据对群体欺诈立案，抓出那些应该为此负责的。

长达 5 年之久的调查使得那些用假账本欺骗投资者中饱私囊的安然公司高管被判有罪，同时还让另外 16 名参与者被起诉。作为重大案件，由联邦调查局和司法部、证券交易委员会最高层领导主管调查。在休斯敦，特工主管迈克尔·安德森，经济犯罪办公室主任，领导当地的调查工作。

2002 年 1 月开始，特工们根据命令开始搜查安然公司 50 层的总部大楼。搜查耗时 9 天，调查员找到了关键的文件和 150 箱证据。

与此同时，特工们开展了多达 100 次以上的询问，帮助调查员们找到新的线索。

2002 年 2 月，安然公司董事会提交了内部调查的结果，由特别调查委员会小威廉·鲍维斯写的《鲍维斯报告》——报告称安然管理层违反会计原则倾吞数百亿美元。这个报告是真正的情报宝库。同时，特工及其他专家从计算机里找到了超过 4 特比特数据（想象一下相当于 4000 份百科全书的数据量）包括超过 600 名雇员之间的大量电子邮件。休斯敦当地的计算机法证实验室处理了 30 特比特的数据，帮助调查员更深入追踪这些文件的线索并标记那些重要线索。

金融分析专家深入数百本银行及股票经纪人账目来调查股票交易欺诈，这在确保证券交易秩序当中是至关重要的，结果查出安然公司超过 1.68 亿美元资产，证实了内部交易的指控。

展现在调查人员面前的是相关的马赛克式的各种情报：很多关联都是被云遮雾罩的，这揭示假账是如何将安然公司的年收入吸成 1500 亿美元的大气球的。安然公司从加州起家，向州里一些皮包公司以超高价格出售能源。官员们盛赞安然公司是大牌的宽带网络公司，借助互联网泡沫将该公司的股价推高到天上。该公司将海外资产高估数十亿美元以制造现金流和改变季度收入状况来取悦华尔街和助长股价飙升。

安德森说正是数以万计的受害者，辛辛苦苦的职员失去补助金更激发了他团队里的特工、分析专家以及其他工作人员强烈的使命感，他们必须将那些应该对安然公司破产负责的人绳之以法。他说：
"让那些应对欺诈负责的人得到惩罚，这对受害者或者有些安慰。"

3. 环形公路狙击手

2002 年 10 月 24 日凌晨 3:19，联邦调查局与合作伙伴一起包围那个让华盛顿特区担心了 23 天的狙击手。整个 10 月里，10 个无辜者被无目的地枪击致死，3 人严重枪伤，枪击时受害人有的在铲草坪，有的在充气，有的在购物，还有的正在读书。受害者之一联邦调查局情报分析专家琳达·富兰克林，她和丈夫一道离开弗吉尼亚的一个当地商店时被一枪致命。

对狙击手的大规模的调查由马里兰州蒙哥马利县警察局主管，联邦调查局和其他执法部门负责提供支援。在射击刚刚发生的前几天，联邦调查局分配 400 多个特工专门负责调查这个案件。调查局向公众公布了一个免费举报号码来收集线索，由新招募的特工帮助接听热线工作。联邦调查局命令证据专家绘制犯罪现场数字地图，行为分析专家为调查员提供犯罪侧写。特工们还建立了联合行动中心协助蒙哥马利县调查员来处理这个案子。

但讽刺的是，该案调查最大的突破来自于狙击手自己。10 月 17 日，一名声称自己就是狙击手的男子打进电话，提起了一个调查到的线索，他说自己对1个月前亚拉巴马州一个卖酒的商店抢劫时枪杀了两个女人（事实上是1死1伤）。调查员很快就查到了在亚拉巴马州发生过这样的枪击案，而指纹和弹道证据都已经存档随时可以调用。一名莫比尔市分局的联邦调查局特工收集到这些证据后于10月21日清早到达华盛顿特区。在那里，酒类及枪支弹药管理局搜集到弹道证据，特工们提取指纹送往联邦调查局实验室检查（当时实验室还设在联邦调查局总部里）。

次日早上，调查局指纹数据找到了匹配物证——在犯罪现场的一本杂志上带有李·博伊德·马尔沃的指纹，他曾在华盛顿州被捕而留下指纹档案。对马尔沃逮捕还牵出另外一条重要线索，提到了一个叫做约翰·穆汗迈德。塔克马市分局的特工记得他曾经接到一个提醒电话中提到此人的姓名。

调查员发现穆汗迈德拥有一条剧毒蝮蛇。个人拥有223支步枪，在禁制令勒令他远离其前妻之后曾经有过一次违反联邦法规的行为。当时的控诉被记录在案。发现了他和马尔沃有联系，联邦调查局和酒类枪支弹药管理局得到了联邦政府授权对他实施逮捕。法律文书已经准备好了。

同时，10月22日，联邦调查局发现穆汗迈德在新泽西州登记了一辆蓝色雪佛兰轿车，车牌号NDA-21Z。这条信息交给新闻媒体并广泛播报，在公众帮助下，两天之后在马里兰州一个停车点抓到马尔沃和穆汗迈德。对狙击手的追捕终于结束，联邦调查局却花费了更多时间和精力用来搜集证据，并提交给法庭，最终将穆汗迈德和马尔沃定罪。

4. 田纳西华尔兹：反贪腐舞会结束了

贿赂、掮客、贪婪的政客，道德沦丧。

所有贬义词都用来形容一桩政府腐败案，联邦调查局对此案进行了长达 6 年的调查。2008 年 4 月，联邦调查局卧底行动"田纳西华尔兹"（也正是田纳西州的官方州曲）终于结束：一名在歇尔比县少年法庭职员办公室一名承包人因为在伪造发票，以根本没有的工作名义捞钱。他是第 12 个也是该案中最后一名被判的人。

田纳西华尔兹是一个标志性的调查：不但使得十多个州政府和当地官员——其中有数名州参议员、1 名州下院议员、2 名县专员、2 名校董事认罪，而且产生了新的州道德规范和新组建一个独立的田纳西州伦理委员会。

2002 年 5 月份，联邦调查局孟菲斯分局开始对当地少年法庭职员办公室的欺诈和贪污腐败案进行调查。其中一名被调查人员——非常知名的说客，同时也是少年法庭的顾问，承认自己的不道德行为并愿与调查局合作，佩戴窃听器记录下他与嫌疑人的对话。

不久之后，该办公室的一名雇员通过这名说客结识了多位州立法会委员。该雇员称这名说客只是政治家们的"掮客"，通过金钱交换，州立法者将通过那些对说客的老板有利的法律。

反贪污调查扩大——从当地政府到州立法会。2003 年秋天，联邦调查局发起了一个秘密行动以查明这一牵涉范围极广的官员贪腐问题到底有多严重。

作为行动的一部分，特工们建立了一家虚拟的公司将回收的多余电气设备倒卖给第三世界国家。他们让这家公司与立法会的人员联络，希望能够从当地政府那里拿到独家经营合同以获益。秘密特工向个人提供了贿赂，基于联邦调查局掌握的信息，调查员相信他们一定会拿钱。而这些家伙的确拿了钱，然后他们告诉同事，那些同事后来也都接受了贿赂。在这里，美国的民主选举和立法三权分立的利益均沾体现得淋漓尽致。

一些贪污的政客已经开始讨论联邦调查局起草的立法案（但没有法案被通过）。田纳西华尔兹行动于 2005 年结束时，联邦特工总计花费了 15 万美元来贿赂立法委员。这个案子，在田纳西州分局协助下，是迄今运用法律敏感手段比如卧底钓鱼方法来揭发系统性贪污腐败最为成功的案例。据环球网消息，2010 年 6 月 9 日联邦调查局在匈牙利诱捕和引渡中国商人宪宏伟和李礼等事件来看，钓鱼的确是联邦调查局一种很重要的执法手段。

官员贪污仍是联邦调查局犯罪调查的首要任务，这是很有必要的。政府渎职和贪污不单单只是浪费了纳税人数百亿的税金，更加严重的是这些行为腐蚀了民主社会根基，威胁到国家安全。2008 年联邦调查局手里有 2500 桩腐败案，比 2003 年增长了 50%。在 2006—2008 年两年间联邦调查局与其他执法机构合作，判定 1800

多名官员有罪。这个数目也是触目惊心的，可见腐败也算是人类历史的痼疾了，反腐几乎没有什么好的办法克服。

5. 9·11 后恐怖袭击概览

防止恐怖分子袭击和瓦解恐怖分子网络是联邦调查局 9·11 后的最优先的任务，也是衡量调查局工作是否有效的标尺。在过去的几年里，联邦调查局在执行这任务方面取得了巨大的成就。调查局与国内外同行一起制止了恐怖分子在美国本土落地生根的势头；通过情报和信息协助海外关键反恐行动；切断恐怖分子资金链和逮捕恐怖活动资助者；消灭了一批试图给恐怖网络提供后勤和其他支持的极端分子。尽管 9·11 后恐怖分子的阴谋活动从未间断，但再也没有造成重大伤亡，下面列举几次被制止的恐怖袭击活动。

波特兰的 7 名恐怖分子

9·11 袭击之后 18 天，警方扑灭了一伙在华盛顿州西南部打靶训练的歹徒。随后的调查发现，在俄勒冈州波特兰市的国际恐怖分子计划袭击美国派往阿富汗的美国军队。7 个恐怖分子，其中 6 人为美国公民被捕并判刑；第 7 名在巴基斯坦被击毙。

鞋子里藏炸弹的疯子

2001 年 12 月 11 日，英国人理查德·雷德被从巴黎出发飞往迈阿密飞机上的乘客制服，当时雷德正准备引爆藏在他黑色高跟鞋里德炸弹。展开调查后，包括对鞋子炸弹爆炸威力将产生的影响的模拟，最终认定他有罪并判刑。

拉卡万那的 6 名恐怖分子

2003 年 6 月，6 名纽约州北部的也门裔美国人，因向"基地"组织提供物质支持被判有罪。在"基地"组织领导号召下，2001 年夏天他们前往本·拉登在阿富汗的法拉克恐怖分子训练营地，在营地他们接受基地组织的射击和爆炸训练。调查行动不仅消灭了基地组织在美国本土的一个分支，还破坏了"基地"组织与中东的联系，并且利用这 6 个人提供的情报慑止了其他潜在的恐怖袭击活动。

弗吉尼亚州圣战行动

调查行动瓦解一个在北弗吉尼亚地区的一个受巴基斯坦 "虔诚军"激发组建的极端组织。这些人受过良好训练并且极度反美，其中有部分人曾经到过巴基斯坦参加恐怖分子训练营，试图加入塔利班打击美国在阿富汗的军队。最终调查结果让 11 名参与恐怖组织的人被指控，审讯查出另外 2 名在伦敦，3 名在澳大利亚的恐怖分子，还为法国反恐案件提供了情报支持。

9·11 主谋落网：哈立德·谢赫·穆罕默德

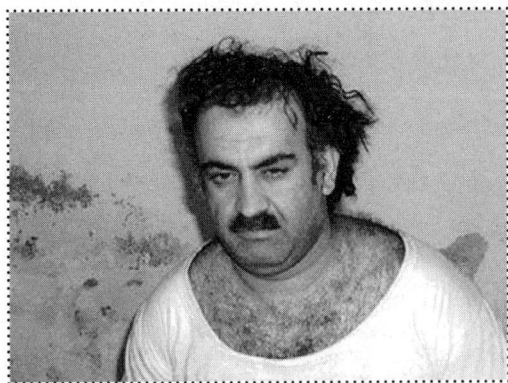

哈立德·谢赫·穆罕默德

他是"基地"组织的行动大师，9·11 恐怖袭击的主要设计者，死伤数千人恐怖阴谋背后的推动者。根据联邦调查局和其他情报机构的信息，2003 年 3 月 1 日穆罕默德在一次黎明前突袭中被捕。因为其在数十起阴谋中所扮演的角色而备受关注（包括杀害美国记者丹尼尔·珀尔）。从他提供的丰富情报联邦调查局和执法机构抓到了更多恐怖分子，包括汉巴里，东南亚"基地"组织战略家，恐怖组织伊斯兰祈祷团的老大。

资助恐怖活动：乔斯·帕蒂拉被捕

2002 年 5 月，联邦特工在芝加哥逮捕乔斯·帕蒂拉，也叫阿卜杜拉。帕蒂拉后来与其他两人一起被判有罪。他们团伙负责为北美恐怖分子提供金钱、实物资产、招募极端分子赴海外冲突地区。团伙在美国和加拿大多个城市都采取了行动并与其他恐怖集团一起资助暴力圣战行为。

千禧年恐怖袭击阴谋

从外国情报来源得知克什米尔来的一名俄亥俄州卡车司机莱曼·法里斯阴谋在千禧年盛典期间发动恐怖袭击活动。他引起了联邦调查局的注意，通过一系列调查，包括 2003 年 3 月对法里斯的审讯，调查局了解到法里斯是"基地"组织的一个侦察员。他后来承认自己曾经亲自见到本·拉登，与哈立德·谢赫·穆罕默德讨论过袭击美国的阴谋。2003 年 10 月他被判监禁 20 年。法里斯还和努拉丁·阿布迪有联系，此人因向恐怖分子提供物质支援被判有罪，还与克里斯托弗·保罗有联系，2008 年保罗因合谋使用大规模杀伤性武器袭击美国和欧洲的目标而被判刑。

托兰斯市的阴谋

当加州警察在托兰斯市供气站逮捕了两人时，一切看起来好像是一次普通抢劫，但随后发现他们是恐怖分子。证据被送到联邦调查局特别反恐部队洛杉矶分部，在那里发现 3 名美国人一名巴基斯坦人企图袭击该地区的军事设施、以色列领事馆和航班以及犹太教堂的阴谋。截至他们计划暴露，行动已经完全展开：策划者已经确定了袭击目标，完成了监控、购买齐武器，并开始射击训练。2005年他们被判有罪，团伙头目后来也被判有罪。

国内反恐取得的成就

在国内反恐前线，联邦调查局取得了应有的成就，斩断了由本土恐怖组织"孤独的狼"成员盖尔·内托斯的袭击，他阴谋炸毁 28 层的芝加哥联邦法院大楼；制止德米特里·范·克罗克——一名狂热的反政府分子想要制造并引爆炸弹。调查局还成功运用调查行动处理了环保和动物保护组织的恐怖活动，其中包括"逆火"行动，将联邦调查局 7 个分局的案件整合成为几个州的盯防国内恐怖分子的行动。

恐怖袭击英国航线阴谋

2006 年 8 月，英国当局逮捕 20 多个极端分子，这些家伙阴谋在大西洋上空炸毁飞往美国的客机。联邦调查局与英国和巴基斯坦执法情报部门紧密合作，找出了其中的关键成员并在他们行动前阻止恐怖活动，并调查到了他们与美国的联系。

2007 年春挫败肯尼迪机场油罐爆炸阴谋

2007 年 6 月上旬，4 名嫌犯（其中一名圭亚那的国会委员）在 3 个不同的地方被捕，因为他们共谋炸毁纽约市约翰·肯尼迪国际机场的油罐和管线。数周之前，调查局秘密调查逮捕了 6 名嫌犯，他们拥有大量武器，并试图攻打在新泽西州迪克斯堡军营和杀死尽量多的战士。其中一名嫌犯被控私藏武器罪。

假日恐怖噩梦

2007 年 11 月，22 岁的穆斯林德里克·沙里夫因涉嫌阴谋在上个假期期间到伊利诺伊州购物城扔手榴弹而判刑。联邦调查局在开展秘密调查之后将其逮捕。

大规模杀伤性武器的威胁

经常让联邦调查局局长大人米勒失眠的事情是什么呢？那就是恐怖分子或者其他危险分子得到大规模杀伤性武器，不论是生物武器，化学武器，放射武器还是核武器来袭击美国本土。大规模杀伤性武器威胁的确是真实的。"基地"组织一度公开想要获得大规模杀伤性武器。9·11 之后几天，美国就遭受带有炭疽杆菌的信件生化袭击。9月底，5 名感染炭疽菌的美国人死亡，很多人受传染病倒。联邦调查局牵头"美国炭疽"调查行动范围迅速扩大并增强了全美国防御和检查生化袭击的能力。尽管没有逮捕到任何施放炭疽的嫌犯，但联邦调查局一查到底的决心从来没有改变。

2006 年 7 月，反恐措施，联邦调查局整合其所有大规模杀伤性武器调查行动，在其所属的国家安全处之下，新成立大规模杀伤性武器联合委员会。随后委员会就开始展开与私营工厂和公共部门合作，以加强防范意识和信息共享，包括教育企业和大学如何防止大规模杀伤性武器的袭击，并帮助对薄弱环节进行评估。委员会还和学术界、政府机构以及全球战略伙伴启动了预防性、多层次防止大规模杀伤性武器战略，将情报工作整合委员会日常工作以帮助联邦特工和使整个国家能够更好地掌握和打击这种重大威胁的情况。

6. 将来的合作伙伴

在9·11后全球化、复杂多变的世界中，联邦调查局的合作伙伴在保卫国家安全方面起到越来越重大的作用。现在，联邦调查局与政府各个层面的同行充分交流，市、州、部落、联邦以及国际社会，跨越了执法、情报和应急反应团体的界限。联邦调查局领导和参与多机构特别工作组、情报机构和融合中心以及各种公共私营机构的行动。在联邦调查局里，合作伙伴与联邦特工和情报人员并肩合作，同时联邦调查局的人员也进驻他们的机构去合作。联邦调查局开展了无数的合作调查，有的是主导调查，有时是协助，有的时候是各负其责。联邦调查局与同行们的合作交流如此深入，以至于几乎不可能将一项任务分成是某一个单独的部门，或者单独的国家的成就。

下面是关于9·11之后，联邦调查局是怎样将与同行们的联系提升到全新高度的，特别是在反恐战斗中的合作。

执法部门

9·11后，市和州的执法部门越来越成为联邦调查局反恐行动不可分割的部分。联邦调查局给警察部门的伙伴更加准确的信息，比如关于恐怖分子动向的情报公告和搜寻恐怖分子线索。新的联邦调查局执法协调办公室，由一名前警长担任，已经和国内执法机构建立了非常紧密的联系。联邦调查局为合作伙伴提供各种不同的手段和资源，包括恐怖分子监控中心，可以是警官们在自己的巡逻车里就可以通过监控中心查清楚他们拘捕到的人是否与恐怖分子有关联，或者是联邦调查局正在通缉的人。

中央情报局

这是第一次，联邦调查局就与中央情报局的工作人员在一起工作。的的确确，通过常规威胁矩阵标记每一个恐怖威胁，通过每日简报向其他情报机构通报情况。两家机构开始整合情报工作和行动，更多地交换工作人员和分析专家，在国家反恐中心这个综合反恐情报重点部位共同展开工作。

美国军方

自从 9·11 开始，联邦调查局就与军队开始共同出现在战场上。数百名联邦特工与军队一起进入伊拉克和阿富汗的中转基地，一起审讯那些被逮捕的人，收集指纹和基因样本，搜集情报，分析信息和处理爆炸装置，执行突袭任务，清除恐怖分子的藏身之所。

国际合作

从 9 · 11 开始一种新型的团队合作精神在海外浮现。更多的案子都要联合行动，更多的情报和信息要国际共享，而所有的合作都远比以前更加深入和广泛。恐怖袭击发生之后，世界各国的同行们给予了联邦调查局前所未有的协助，而联邦调查局也投桃送李，向合作伙伴传授专业经验。提供重要情报帮助巴基斯坦、肯尼亚、西班牙、摩洛哥、印度尼西亚、巴厘、英国等国家和地区找到国际恐怖分子，并派人前往这些国家和地区调查炸弹和恐怖袭击。

7. 卡特里娜飓风过后：治安和救援

卡特里娜飓风是美国历史上最强的飓风之一，2005 年 8 月份飓风摧毁了整个海岸地区。当卡特里娜飓风登陆新奥尔良市之后，联邦调查局坚持忠于职守，留下几个特工照看办公室。从那时开始就开展了救援行动并对付逐渐增加的犯罪浪潮和飓风过后的贪污腐败。卡特里娜飓风过后几个小时，联邦调查局就派出全国抽调的500 多名特工和其他人员来维护治安，负责回应紧急电话，街道巡逻，搜索和救援行动以及受害者鉴定。飓风后数月，联邦调查局牵头一系列公共安全行动来支持地区执法行动，与当地和联邦政府合作，防止侵占飓风受害者财产的疯狂行动。

特工前往伊拉克和阿富汗开展调查

在第二次世界大战中有限的调查活动之外，联邦调查局从未如此大规模开展战区的情报收集，与军队一起行动，搜查从口袋垃圾道装满文件的整栋大楼里的每一样东西。当美国兵 9·11 之后进入到阿富汗和 2003 年 3 月进攻伊拉克后，一支由联邦特工、分析专家、翻译构成的队伍与军队一起在那里开展工作，不论是在阿富汗山区的洞穴，还是在巴格达的宫殿，到处搜寻恐怖分子的信息。联邦调查局的人找到了重要文件，对文件价值进行初步评估，随后将文件发送回国认真研究。数以万计的调查线索和情报资料就是这样被找出来的。2005 年 3 月，联邦调查局正式在伊拉克扎根，在巴格达美国大使馆内开设了一个办公室。名副其实的世界警察，连伊拉克、阿富汗的治安都要管起来了。现在，在伊拉克联邦调查局有数十名特工、情报分析专家以及其他职员，是美国在国际上最大的分遣机构。主要负责以下几项工作：1. 审讯被军队逮捕的恐怖分子嫌疑人，获取有关恐怖分子在伊拉克内部和外部甚至在美国本土发动恐怖袭击行动的情报；2. 收集情报并迅速进行处理，分析和共享，有时能发现更多的情报，实现闪电式实时情报循环；3. 搜集犯罪现场证据，不论是大规模汽车炸弹袭击现场还是大屠杀坟墓；

4. 拯救被绑架的美国公民；5. 与美国其他机构协作，调查美国人对伊拉克人的犯罪以及伊拉克人对自己老百姓的犯罪行为；6. 负责训练伊拉克警察和情报部队人员。

受阿富汗政府之邀，联邦调查局 2005 年在喀布尔建立了法律参赞处。在阿富汗的主要工作还是反恐：审讯美国和国际维和部队抓捕的"基地"组织成员和塔利班分子，查出阿富汗境内外恐怖分子领导和发展状况。

审讯萨达姆：敲出真相

想象一下，长达七个月每天都与萨达姆·侯赛因面对面坐着，慢慢抠出真相，让他透露有关使用毒气杀害库尔德人（他真这么干的）以及是否藏有大规模杀伤性武器（萨达姆说这个我真没干，我比窦娥还冤枉）。这段时间一直在搜集可以在伊拉克法庭控诉这位罢黜的前伊拉克独裁者的证据。

这就是联邦特工乔治·皮罗的工作，2008 年他在电视新闻节目《60 分钟》中讲述了自己的故事：

2003 年 12 月 13 日，萨达姆被从藏匿的洞穴拉出来之后，中情局要让这位前独裁者交代他反伊拉克人民的罪行，鉴于联邦调查局收集法庭证据的经验丰富，请求联邦调查局派人审讯萨达姆。

联邦调查局找到皮罗，他出生在黎巴嫩贝鲁特，是一名资深反

皮罗接受采访

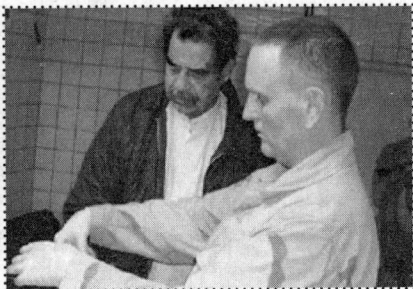

联邦特工采集萨达姆指纹

恐调查员，说一口流利的阿拉伯语。皮罗得到中情局分析专家和联邦调查局特工、情报分析专家、语言专家以及行为侧写专家组成的队伍的协助。皮罗深知要让这位骄傲的前独裁者萨达姆开口并不容易。他开始认真研究这位前独裁者的生活以便更好地与萨达姆打交道，并判断他是否在撒谎。这个招数很管用：2004 年 1 月 13 日第一次审讯萨达姆时皮罗与萨达姆谈到萨达姆的 4 部小说和伊拉克历史。萨达姆对皮罗印象深刻并要他再来。

从那天之后，皮罗所要做的事情就是建立于萨达姆的感情联系并让他讲真话。为了让萨达姆对他产生依赖并只相信他一个人，皮罗负责起照顾全方位这位前领导人的生活，包括他的一些个人要求。他对萨达姆表现了极大尊重，因为皮罗深知萨达姆根本就不会屈服于威胁和严刑拷打。作为行动的一部分，皮罗根本就不告诉萨达姆他是联邦调查局特工，为了取得萨达姆信任，他忽悠萨达姆说自己是一名高级官员直接向美国总统报告。

当然，这个审讯相当漫长。这几个月里，皮罗每天用 5 到 7 个小时与萨达姆泡在一起，捕捉每一个掌握真相的机会，包括装作很认真地聆听萨达姆朗诵的诗。最终，萨达姆开始敞开了讲自己的事情。下面就是一些萨达姆披露的情况：

萨达姆故意误导全世界相信他已经拥有大规模杀伤性武器，引发了2003年美国入侵伊拉克的战争。事实情况是因为当时他害怕伊朗会进攻伊拉克，但是萨达姆确实想要重建伊拉克大规模杀伤性武器项目。

萨达姆认为本·拉登是个"狂热分子"，是不可以相信的威胁。

前独裁者萨达姆承认："误判了小布什总统的意图"。他一直以为这次小布什只不过再一次搞一下在海湾战争时期的短期空袭作战罢了。谁知道美国大兵来真的了。

与普遍设想的相反，萨达姆从不使用长得和他一样的家伙当替身，萨达姆从来不相信有人能够扮演他的角色。看来萨达姆还真不是一般自信，他有替身的话也许整个容化个装就逃之夭夭了。

1990年因为一位科威特王公的话冒犯了萨达姆，于是他决心入侵科威特。典型的我是老大我怕谁，看谁不顺我扁谁。

皮罗对萨达姆的友好关系很成功以至于在和这位前独裁者分别时，萨达姆都流眼泪了，皮罗在电视访谈时说道。而对于联邦调查局而言，他的行动收集到了关键情报和证据，工作很有成效。

8. 联邦调查局历任局长 1908—2008

斯坦利·芬奇 1908—1911 年

当"特工部队"于 1908 年夏天成立时，斯坦利·芬奇，司法部的主检察官，受命主管联邦特工部队。芬奇见证了早期的调查局和在执行 1910 年反对贩卖白人妇女法案时调查局日渐壮大。芬奇在执行曼恩法案上不遗余力，于 1911 年离开调查局并成为了一名反对白奴贩卖特别委员会委员。

亚历山大·布鲁斯·别拉斯基 1911—1919 年

1911 年，别拉斯基成了调查局的局长，在世界大战的浪潮中冷静观察，保持美国置身事外，防止破坏中立法案和其他国家安全事务成为了调查局的首要任务。在一战当中，他领导调查局成为了国内反间谍活动机构。

威廉·J·弗林 1919—1921 年

前纽约联邦经济调查局特工，被前司法部长波拿巴挖过来后，于 1919 年被任命为调查局长，负责制止在第一次世界大战后此起彼伏的国内恐怖袭击。看来，老美的恐怖袭击源远流长，从 20 世纪初就开始遭到其他各方面的对手和国内恐怖分子的恐怖袭击，9·11 事件不过是在冷战结束后，恐怖主义再度兴起的一个象征事件而已。

威廉·J·伯恩斯 1921—1924 年

头衔和荣誉不少：国际侦探局局长，知名前联邦经济调查局特工。威廉·J·伯恩斯被任命为调查局局长，在联邦预算吃紧的时刻，他负责改革调查局行动并裁减编制。他最先开展新进特工培训项目和其他改革，其中多数是由他的副局长 J·埃德加·胡佛领导。在司法部长哈兰·费斯克·斯通要求下，因"茶壶盖"丑闻而于 1924 年辞职。

J·埃德加·胡佛　1924—1972 年

在政治丑闻曝光之后，他的前任伯恩斯被拉下台。埃德加·胡佛临危受命，将联邦调查局推至今天地位，胡佛局长功不可没。他是历史上在位时间最长的联邦调查局局长。他任局长长达 48 年，是联邦调查局和其他任何政府官员当中任职时间最长的一位。在他任期内，他强力打造的联邦调查局调查和情报能力，在匪徒们肆意横行的二三十年代，二战和冷战期间以及动乱的 60 年代确保了国家的安全与稳定。尽管晚年他的名声因为误会和争议而受损，但胡佛局长对于执法专业化符合科学鉴证的功绩，维护宪法的地位的执著，至今仍是联邦调查局和警察局的楷模。

克拉伦斯·M·凯利 1973—1978 年

克拉伦斯·凯利是第一位直接从联邦调查局内部层层提拔上来的局长，首先是特工然后升任特工主管。后来他离开联邦调查局到密苏里州堪萨斯城任警察局局长，在那里他是一个致命的改革者。在"水门事件"危机当中接手联邦调查局，凯利经历了联邦调查局历史上最倒霉运的时期，坚持让调查局走胡佛所设想的专业主义道路，利用联邦调查局的活动范围和技术能力来开展对复杂案件的高质量调查。

威廉·H·韦伯斯特 1978—1987 年

在凯利工作的基础上，吸取调查局从"水门事件"之后详细审查和批评之后的教训，前律师和联邦法官威廉·韦伯斯特继续与黑社会以及舞弊政客作斗争。在韦伯斯特领导下，联邦调查局国家安全任务在不断增加，成功破获了一批间谍案，打击了国际恐怖主义行为和毒品走私行为。1987 年在"伊朗门"丑闻之后，韦伯斯特离开联邦调查局，去改组中央情报局。"伊朗门"事件：由以色列牵线搭桥的武器换人质和总统情报顾问麦克法兰出访德黑兰的秘闻一经公之于众，举世哗然，里根总统在国内受到广泛指责，而中央情报局则由韦伯斯特负责进行改组。

威廉·S·赛欣斯 1987—1993 年

跟韦伯斯特法官一样，威廉·赛欣斯也是从调查局一步步走上来的。1990 年当铁幕落下，赛欣斯领导联邦调查局转变了工作重点，调整国家安全战略，并把主要精力放在调查快速增长的暴力犯罪上。他还主导了基因分析的技术改革并且加强白领犯罪调查。

路易斯·J·弗利 1993—2001 年

前联邦特工和法官，路易斯·弗利在任期内制定了国内国际重点打击犯罪问题的明确日程。他深刻认识到全球化犯罪快速增长的现实，加强了与国外同行联系，将海外办公室数增加一倍。弗利同时指导联邦调查局对于日益猖獗的国内国际恐怖分子进行调查，他还发起了对网络犯罪的调查活动。不过弗利也算得上联邦调查局局长中的福将，在他任内太平无事，在他离任之后一个星期，接任的调查局局长，现任联邦调查局局长罗伯特·米勒遭遇了联邦调查局甚至是美国历史上最为糟糕的情况——9·11 恐怖袭击。

罗伯特·S·米勒 2001 年 9 月 4 日到现在

前联邦检察官罗伯特·S·米勒起誓，根据联邦政府授权对联邦调查局进行全方位整顿。但一个星期之后，9·11 事件给了该局一个全新的任务——防止恐怖袭击和瓦解全球恐怖网络。很快，米勒展开了一项影响深远的转型，大幅提高了调查局反恐行动能力，将联邦调查局变成了以情报工作为主的国内安全机构。米勒局长还率先将信息技术运用到调查中，将联邦调查局合作伙伴提升到新的水平，加强了调查工作重要性，并阻止了网络攻击。

9. 联邦特工头衔的起源

1872 年司法部就开始使用特工一词。当时，国会提供资金用于侦探和检控犯罪。利用这笔资金，司法部长乔治·威廉斯任命一名探员去执行特别调查任务。而政府其他执法部门也会采用相同或者类似的头衔，但显然没有一个部门长期使用这个头衔。

到 1879 年，司法部设置总侦探头衔，主要起监督作用（1907年废止）。1894 年在总侦探下设立新的特工探员岗位，调查违反与印第安人保留地合法交易的《印第安人交流法案》的行为。

1879—1908 年间，司法部一直是从联邦经济情报局借调人员负责绝大多数的调查活动。1907 年，调查局（联邦调查局前身）创立，司法部里一共有 3 名特工人员：1 人负责反托拉斯调查，1 人负责调查西班牙条约委员会相关的联邦国防事务，1 人负责调查违反《印第安人交流法案》案件。

1908 年司法部长查尔斯·波拿巴重组司法部调查员成立"特工部队"，他雇用 9 个联邦经济调查局调查员作为特工，与另外 13 名以工偿债的调查员和 12 名银行查账员一起工作。但至于以工偿债的调查员是否也被称为特工已经不得而知了。银行查账员作为会计师，最初的称呼是"特别查账员"。很快特工和特别查账员之间的差别越来越明显，直到 30 年代后决定所有调查人员——特工和会计师统统都称为联邦特工。

联邦调查局徽章的渊源

1908年   1927年   1934年   1935年   Present

1909 年在获得司法部命名"调查局"之后不久，第一次出现了调查局徽章。1913 年，219 名特工佩戴这种徽章。1924 年胡佛任局长之后，局里开始讨论采用新的特工徽章。曾经设计各种各样的徽章以供参考。最终选定了圆形盾上部装饰白头雕的徽章。1927年5月这种徽章通过，这种圆盾形状徽章比现在的徽章略小，并且基本是一个平面的徽章。

1933 年底，调查局改名司法部调查处，设计新徽章的呼声日益高涨。在华盛顿特区的一次全国协商会上，特工们采用无记名方式支持保留原徽章风格并增加尺寸，同时将徽章稍稍弯出一个弧度。1934 年 4 月这种徽章的模型被制造出来，但这种徽章只用了不到两年时间就被更换了。

现在联邦调查局徽章是 1935 年设计的，当时有另外一个部门也叫做联邦调查局。新徽章由马萨诸塞州阿特乐波罗市罗宾斯公司制造，并且按照 1—1000 的数字进行编号。许多初始编号的徽章至今仍然被现役特工用着，老特工退休的时候将徽章上交并传给新进特工使用。

联邦调查局图章

多年以来，联邦调查局的图章曾经历数次改变。最开始的时候，调查局使用的是司法部的图章。1935 年正式采用第一个联邦调查局专用图章，在"司法部"标志下加上"联邦调查局"，外边缘带上加上联邦调查局座

右铭"忠诚、勇敢、正直"。1940年特工雷奥·高瑟——一名绘图员、艺术家兼插图画家设计了一个基于调查局早期旗帜图案的新图章。从那以后，这个图章就成为了调查局的标志。

图章的每一个元素都具有重要含义：蓝色主色调和盾牌上的天平象征着司法公正。由13颗星星构成的圆象征着联邦像最初建国13州那样团结一致。月桂叶是人类早期文明中象征着荣誉、声望及名声。在两枝月桂枝条上共有46个叶片，象征着1908年联邦调查局成立时假如美国的46个州。平行的红白竖条纹同样含义深刻。红色在西方传统上意味着勇气、胆识、力量，而白色则传递着廉洁、光明、真相与和平的含义。正像美国国旗一样，红色条纹比白色的多一条。座右铭"忠诚、勇敢、正直"简洁明了地道出了联邦调查局的英雄男女们为之献身的动机。环绕图章带尖刺的外边缘象征着联邦调查局面临的严峻挑战和这个机构的强悍。金色代表着联邦调查局丰富的传奇历史和重大使命任务。

忠诚（Fidelity），勇敢（Bravery），正直（Integrity）——联邦调查局座右铭

最初联邦调查局的座右铭可以追溯到1935年9月，调查局内部杂志《调查员》编辑检察官德雷恩·莱斯特写的一份简评：

"F · B · I"

最后，联邦调查局拥有一个足以自豪的简写称号，写作"联邦调查局"。在过去的各种昵称当中，公众如此给予我们特工的称号不一而足：司法部特工、司法部干探、政府干探等；还给我们局以错误的称号比如"罪案局"、"鉴证局"、"罪案预防局"等。最近给特工们的称号，也是最广为流传的就是"联邦干探"。

但"联邦调查局"才是最好的称号，因为它正好可以体现出联邦调查局的座右铭，三个大写字母刚好体现了联邦调查局永远的立场"忠诚，勇敢，正直"。

德雷恩·莱斯特